DAOISM
An Introduction

道学导论

[美] Ronnie L. Littlejohn / 著

钱建成　易明阳　李梦姣 / 译

外语教学与研究出版社
FOREIGN LANGUAGE TEACHING AND RESEARCH PRESS
北京
BEIJING

京权图字：01-2023-2322

图书在版编目（CIP）数据

道学导论／（美）张仁宁（Ronnie L. Littlejohn）著；钱建成，易明阳，李梦姣译. -- 北京：外语教学与研究出版社，2023.6
书名原文：Daoism: An Introduction
ISBN 978-7-5213-4558-2

I. ①道… Ⅱ. ①张… ②钱… ③易… ④李… Ⅲ. ①道家－研究 Ⅳ. ①B223.05

中国国家版本馆 CIP 数据核字 (2023) 第 107878 号

出 版 人　王　芳
责任编辑　李婉婧
责任校对　孔乃卓
封面设计　彩奇风
出版发行　外语教学与研究出版社
社　　址　北京市西三环北路 19 号（100089）
网　　址　https://www.fltrp.com
印　　刷　北京九州迅驰传媒文化有限公司
开　　本　650×980　1/16
印　　张　6
版　　次　2023 年 6 月第 1 版　2023 年 6 月第 1 次印刷
书　　号　ISBN 978-7-5213-4558-2
定　　价　32.90 元

如有图书采购需求，图书内容或印刷装订等问题，侵权、盗版书籍等线索，请拨打以下电话或关注官方服务号：
客服电话：400 898 7008
官方服务号：微信搜索并关注公众号"外研社官方服务号"
外研社购书网址：https://fltrp.tmall.com

物料号：345580001

记载人类文明
沟通世界文化
www.fltrp.com

引言和致谢

现在，人们期待有一本用英语写的关于道学历史的书。伊拉杰·巴盖尔扎德·陶里斯出版社（IBT）和编辑亚历克斯·赖特（Alex Wright）委托我完成这部作品，此等远见值得赞扬。此书为道学研究热潮的下一步发展指明了方向，之所以有这种可能性，是因为我们现在能够汇集道学发展历史的众多观点，并遵循 2000 多年来道学枝繁叶茂的发展脉络。

自 20 世纪 90 年代中期以来，已经出版了两部被高度认可的道学英文导读作品：克里斯汀·施博尔（Kristofer Schipper）的《道体论》（*The Taoist Body*，1994）和伊莎贝尔·罗比内（Isabelle Robinet）的《道学史》（*Taoism: Growth of a Religion*，1997）。然而，尽管这两部作品皆有优点，但施博尔的作品并没有将读者置于具有独特性的道学典籍之中，而罗比内的这一佳作只写到元代。我主要以这两部作品为基础，但进行了新的探索。自这两部作品出版以来，有关道学的学术著作、道学实践的实地考查和道学文献的译本都呈指数增长。我相信此书会是对道学思想历史及其实践的更加全面的概述。

2000 年，利维亚·科恩（Livia Kohn）主编的两卷文集《道学手册》（*Daoism Handbook*）出版了，它们对于道学研究来说是不可或缺的。其中有许多有关道学重要话题的文章，按照现阶段收集到的材料来看是相当全面了。每篇文章都涵盖了与某个话题相关的道学历史、经典、世界观和实践，因而我将这些文章作为此书的主要参考文献。此外，2007 年，法布里齐奥·普雷加迪奥（Fabrizio Pregadio）编辑的巨著《道学百科全书》（*Encyclopedia of Taoism*）两卷本的第一本问世，这一卷中有许多有关道学史实和数据的短文和词条。两卷本完稿后，其词条将会超过 1700 个。本书也借鉴了其中许多词条。

近期，詹姆斯·米勒（James Miller）出版了《道学简介》（*Daoism: A Short Introduction*，2003），书中采用了道学中的一些常用术语。从一方面看，这部简介的优点在于，它是按照主题内容而非历史脉络（书中只有短短五页的历史回顾）来介绍道学的。不过，这个优势可能也是这本书的短板，而大家即将阅读的这本书是一部道学的历史导读。汉斯–格奥尔格·梅勒（Hans-Georg Moeller）的《释道：从庄周梦蝶到得鱼忘筌》（*Daoism Explained: From the Dream of the Butterfly to the Fishnet Allegory*，2004）研究了道学典籍中的几个主要类比手法和主题，为这些道学思想与欧陆哲学之间的联系进行了许多有趣的阐释。然而，在书中梅勒并没有对道学进行全面综述，因此目前的这本书和穆勒的书各有所长。最近，罗素·柯克兰（Russell Kirkland）的《道学：不朽的传统》（*Taoism: The Enduring Tradition*，2004）一书，努力将道学思想与实践介绍给读者。目前的这本书也是一本佳作，但与柯克兰的书不同的是，它与中国文化史联系密切，广泛使用道学典籍，有意利用物质文化（艺术、文学、考古学）将道学置身于一个语境中，有助于解释道学的传播与发展。

在写此书时,我参考了大量汉语版的道学典籍和道学典籍新的英译本,以将本书与上述的他人著作区别开来。在这里我要感谢许多学者,如《早期道学经典》(*Early Daoist Scriptures*,1997)的作者斯蒂芬·博肯坎普(Stephen Bokenkamp)、《淮南子·原道训》(*Yuan Dao: Tracing Dao to Its Source*,1998)的合著者刘殿爵和罗杰·艾姆斯(Roger Ames)、道学道德典籍《宇宙与道团:道学伦理维度》(*Cosmos and Community: The Ethical Dimension of Daoism*,2004)的作者利维亚·科恩等。希珀(Schipper)和弗兰西克斯·维雷勒(Franciscus Verelle)于2004年编写的道学典籍指南对这本书帮助很大。一个学者团队协助他们两人对《道藏通考》(*The Daoist Canon: A Historical Companion to the Daozang*)里几乎每部作品都进行了精彩的综述。在路易斯·康思奇(Louis Komjathy)的《道藏索引》(*Title Index to Daoist Collections*,2003)中,还有其他研究道学历史的大量文献。在道学学者汇集的主要网站"道学研究"上,康思奇还负责着所有典籍中文 PDF 版本的上传工作,目前已完成约 300 部。

说到我个人与道学研究之间的渊源,我与大家将在此书中读到的道学弟子的情况并无二致。我也换过一个个老师,从一位老师那里学习,然后到另一位老师那里去获得更多不同的知识。不过,或许是因为我知道道学研究领域很广,我意识到很多学者在阅读这部作品的过程中会觉得我写得过于肤浅,或者他们会和我争论这个或那个观点。道学如此博大精深，其他读者难免会问我为什么要遗漏这个图或者那个文献。即便如此，我希望读者能发现很多新的东西，或者至少第一次将目光聚焦在一个问题上。我的目的是使这一伟大思想的研究变得容易理解、有益且有趣。

我非常感谢许多教授我、纠正我和启发我的学者和朋友，他们让我有信心接受这个任务，其中包括罗杰·艾姆斯、奈德·戴维斯、杰夫·迪普曼、诺曼·吉瑞德、乔纳森·赫尔曼、祁泰履、利维亚·科恩、康思奇、迈克尔·拉法格、詹姆斯·米勒、罗思文、哈尔·罗斯、Yong Huang 和 Robin Wang。

衷心感谢我的几位朋友，他们阅读了此书部分内容，并提出了许多宝贵建议。首先，我要感谢珍妮·雷诺兹（Jeanie Reynolds）协助我编辑手稿，并纠正了许多错误。其次，我要感谢我亦师亦友的 P. J. 艾芬豪（P. J. Ivanhoe），每次和他一起工作的时候，他都提醒我"孔德之容，惟道是从"。最后，感谢我的朋友和老师李庆军，感谢她一直提醒我大千世界，其乐无穷。

译者序

《道学导论》是美国汉学家罗尼·小约翰（Ronnie L. Littlejohn）教授的中国哲学研究成果之一，由英国伊拉杰·巴盖尔扎德·陶里斯出版社（IBT）于2009年出版。这本书摆脱了传统研究将道家及其思想研究归入宗教，抑或是哲学的固有范畴。随着出土文献与文物的大量发掘，现代学者对道家学派思想体系的演变历程与影响有了更深入的了解，并逐渐意识到，区分"道教"与"道家"两个概念之间的异同，似乎无关紧要。作者认为，刻意的概念区分甚至会使人们对"道"产生误解，因此本书以"道学"来命名，力求摆脱人们潜意识中的惯常认知。

罗尼·小约翰（中文名张仁宁）担任美国贝尔蒙特大学亚洲研究中心主任、哲学系教授，是美国2015年度"杰出教授奖"获得者和贝尔蒙特大学"钱尼杰出教授奖"获得者。他是中国哲学思想的集大成者，出版有《中国哲学概论》（*Chinese Philosophy: An Introduction*，2016）、《儒学导论》（*Confucianism: An Introduction*，2011）、《道学导论》（*Daoism: An Introduction*，2009）等英文书籍，著作成果丰硕；编撰有《中国哲学家和西方哲学特别版》《道家经典论著》等英文作品，思想体系丰富；发表有《道家思想中"天"的本质和作用》《西方哲学在中国的反响》《〈庄子〉中的孔子》等几十篇英文论文，汉学研究造诣深厚。

《道学导论》一书以道学代表作《道德经》《庄子》《淮南子》《老子想尔注》等为文献基础，在论述道学发展史中回归文献本身，对书目的版本差异、思想内涵、重要概念都进行了梳理总结，引导读者关注文本本身，从中不难看出作者对中国古典文献的熟稔。全书围绕道学在哲学、文学、美术、礼仪等物质文化中的表达，深入探索了道学的起源、发展和转变历程，从外国学者的角度，介绍了关于道学如何影响中国哲学、政治、艺术等。具体来看，此书通过梳理道学在秦、汉、唐、宋、元、明、清等中国各个时期的发展演变，阐述了《道德经》《庄子》等道学典籍的内容和"道""德""清净无为""虚无恍惚"等概念，向读者生动形象地展现了道学的历史和文化内涵。（此次只翻译出版了该书的部分章节）

为解释"道学"这一思想体系，罗尼·小约翰教授建构了以蔓生的葛藤为中心的隐喻，用以表达道学的传承对象与道学传统之间的关系。他认为，道学并非想象中的那么简单，更像是葛藤盘根错节的生长形态，道学的师徒传承关系就如同那肆意生长的藤蔓。从先秦到后汉再至此后历代，从稷下学宫到黄老道等新门派，就像藤蔓的根、茎、叶一样，道学在中国丰富的文化与复杂的地理环境内，持续不断地生长和蔓延，在不同时代与社会背景下绽放出了不一样的光彩。在道学发展演变过程中，"非正统"的藤蔓大多属于道学的"茎""枝叶""树干"，并非树之根本。道学是对"道"与"德"的不懈追求。

从道学发展过程来看，作者将早期道学主干的发展分为三个阶段：第一阶段是公元前 450 年至公元前 310 年左右，以通行本《道德经》中的一些章节、《庄子·内篇》中的一些章节、《管子·内业》和《管子·心术》等文献为代表。第二个阶段是公元前 310 年至公元前 220 年左右，以郭店楚墓近期出土的多个版本《道德经》、邹衍在稷下学宫撰写的五行文献，以及有关黄帝－老子（黄老道）的文献和庄子弟子传承的《庄子》等相关文献为代表。第三个阶段是公元前 220 年至公元前 139 年左右，以马王堆墓发现的幸存至今的黄老手稿与帛书本《道德经》、汇编的 52 章《庄子》《淮南子》为文献代表。作者对出土文献的关注反映了海外汉学家对中国古典文献研究方法的可取之处，以出土文献《道德经》郭店楚简、马王堆帛书为代表，对比了版本、章节划分与次序的差别，理清了道学奠基之作《道德经》章节或者说文本内部的逻辑关系。将传世文献通行本与出土文献相结合，体现了哲学研究基础的客观性。此后，按照朝代顺序，作者对各时期道学思想的演变与发展也进行了较为全面的阐述。

值得称道的是，罗尼·小约翰教授发现了道家思想的多元性。他在《道学导论》中以《庄子》为文本基础，从文体风格和叙述人称的对比出发，肯定了《庄子》文本的多源性。作者从内容与思想内涵出发，对其篇目重新分类，发掘了《庄子·内篇》所反映的宇宙观、道学目标、为政之道等。另外，还关注到了通行本各章节之间的联系，划分出了《道德篇》《黄老篇》《弟子篇》《天下篇》等类别，以此为线索，对庄子及《庄子》文本所反映的思想内涵进行了详尽的论述。

正如罗尼·小约翰教授在《中国哲学概论》一书中所提到的那样，

中国的哲学传统几千年来构成了这个星球上延续时间最长的文明的基石；中国哲学深刻地塑造了东亚和东南亚的制度、社会实践和心理特征。就地理意义而言，春秋战国时期的百家争鸣造就了中国的哲学传统，经过漫长的社会历史演进，中国哲学对人类的影响非常深远。

此前，本书的主要译者已将罗尼·小约翰教授的《儒学导论》进行了翻译并出版发行。为进一步推动国外汉学著作译介以及国际文化交流，又将《道学导论》进行翻译。《道学导论》作为一本具有科普性质的汉学著作，作者的论述具体而详尽，对海外学者了解中国道学的框架与发展脉络大有裨益，成为读者学习道学的入门必备之作。近年来，随着人类命运共同体理念的提出和讲好中国故事的推进，中外文化交流日益频繁，对《道学导论》的翻译在一定程度上能够促进道学研究的对比性学术交流，有利于国内学者和读者了解中华文化在海外传播的效果，在文明互鉴的视角下开展跨文化交流。

本书在翻译过程中采用了直译、意译等方法，力求再现作者原意，同时采用了转译、省译和补译等技巧，以增加译文的可读性。特别是在作者引用典籍原文的地方，采用了回译。回译的核心是重新展现某些原汁原味的信息（这些原汁原味的信息被原作者用另一种文字转写出来了），既保证了翻译的准确性，又还原了典籍的语言风格。

因为译者水平有限，难免有诸多瑕疵，还请方家指正。

钱建成

2023 年 1 月 16 日于郑州大学

目　录

第一章
讲述道学故事

什么是道学？

道学是中国最古老的本土哲学–精神思想流派，也是世界上最古老的思想体系之一。"道学"这个名字来源于"道"这个词，"道"常常用来表示穿过田野或通往村庄的"道"或"路"，也表示做事的"方法"，例如工匠雕刻烛台、手艺人编制铃铛、屠夫宰牛等的方式。"道"是充满能量的过程，它蕴含于实体之中，赋实体以活力，令其不断变化。然而，正如我们时常看到的那样，"道"本身无法言表。"道"不是道教的主宰者，道教也没有主宰者，即使中国人普遍用"神"这个词表示有自我意识的实体和力量。例如，道教的最高神灵被称为"元始天尊""玉皇上帝"或"真武"，但这是用具体的"神"来称谓"道"，而它们并不等同于"道"。

道学是中华文明根基中的思想体系。它既不属于哲学，也不属于宗教。事实上，虽然中西学者都使用这两个体系来解释道学，但令人遗憾的是，这种划分只会不断曲解"道"的思想体系，不惜以毁灭它为代价，让它服从于某个概念模式，从而变得面目全非。不可否认的是，直到最近人们还常常说"道家"（哲学上的）和"道教"（宗教上的），这说明前者会转化为后者或为后者所取代。西方学者并没有对两者加以区分，虽然中国注疏者对两者进行了区分，但并没有成为解释道学的准确或有效的方式。当代学者对道学及其起源的了解，在过去就连中国伟大的思想家都望尘莫及。一些中国思想家甚至喜欢改变或重构自己所知道的道学思想。譬如道家大典《庄子》的编者郭象，对原文进行了大篇幅的蓄意删减，原来的五十二篇变成了现在的三十三篇。他之所以这样做，可能是因为他认为这些文本包含有他和其他学者（如编写儒家思想的同事）反对的"迷信"思想和做法（Knaul 1982：54-55）。

将道学归为哲学还是宗教，一个方法是效仿伊莎贝尔·罗比内特（1997），她将"道教"视为"道家"的具体实践。当今，随着中国古代书籍、遗迹和文物出土数量越来越多，学者们能更充分地了解道学思想体系的发展变化和持续性，并认识到区分道教和道家是一件错误的、没有意义的事情。事实上，继续进行这种区分会蓄意误导我们对"道"的理解。如今，我们只关注哲学和宗教在它们各自的且经常是对立的领域中的本质属性。然而，这本书通过道学大师的生活经历告诉我们，当行为和信仰是通向自由和光明的大道而不是我们深入挖掘和分析理解的思想和体系时，哲学和宗教是什么。如果我们要理解它，我们必须把道学看作一个活生生的实体。

譬说"道学"故事

在中国历史早期，一些人花费不少时间和精力研究自我与"道"相结合并融为一体的方法，以此实现生灵的蜕变。我们可以称这些人为"道主"。可悲的是，很少有人真正了解他们是谁，也不知道他们的思想如何反映他们的行为。他们的名字鲜为人知，但在《庄子》和其他道学经典中记载了他们的名字和活动踪迹。在第四章中，我们将更详细地介绍这些"道主"是谁。他们与其弟子之间的关系可以称为"传承"。我们可以将师徒传承的形成和内在关系想象为一棵葛藤，每条藤蔓都连接一位道主，有一些"嫁接"过来的学生拥有同一位道主；有的传承存在几十年或上百年，有的则逐渐衰弱直至消亡；有的学生与他们的老师或其他道主分庭抗礼，有的则改换门庭。由此可见，道学不是简简单单的事情，倒像是生长着的盘根错节的"师徒传承"藤蔓。

古今中外对这种藤蔓式的传承颇有争议。有些学者将其称为"道学身份问题"，利维亚·科恩和哈罗德·罗斯就这一问题收集并整理了许多观点（2002）。我们先把这个问题搁置一旁，因为它假定有某种单一的、明确的教义和行为构成了道学的本质，而道学的历史却无法证实这个假设。历史所揭示的是，道学更像是一棵活葛藤，不断变化和生长，其干、枝和茎向四面八方延伸。纵观国内外，甚至在某些道家派系内，制定一套体系来界定道的"本质"的初衷被非议为是为了排除"不正统"或"非道家"的思想和行为。但实际上这些"不正统"的"藤蔓"往往属于道学的"茎""枝"甚至是"干"。

我打算追溯道学的巨大"藤蔓"，不基于古今中外任何学者的定义，不依靠道教某一教派甚至是道学本身的某种具体观点。为了能对其他学派说"那不是真正的道学"，需要将道学界定为一套思想和行为体系。然而以这种方式来对待道之本体，将会误导我们对这一伟大思想体系的研究和理解。道学是对"道"及其"德"的持之以恒、不可抑制、不可阻挡、积极向上和寻踪觅迹的追求，不能归结为一些"要素"。在研究过程中，我们将看到并非每一"根茎"都具有"母株"的所有特征，或者至少可以最大程度减少一些思想教义和行为，甚至使它们与道学自身的历史记载没有任何关系。同样，有些师徒传承之"藤蔓"的生命是短暂的，而另一些的生命很漫长，甚至活到了现在。一些传承因师徒纽带牢固而与"干"和"根"相连，而另一些传承则紧紧地依附在最脆弱的茎尖上。即使是伟大的道家经典，例如《道德经》和《庄子》，本身明显就是传承之藤蔓和分枝的结合，它们先于经典并创造了经典。

道学在中国大众宗教、文化习俗和民族认同中不断发展壮大，并深深扎根其中。道学与地方宗教文化有着错综复杂的关系，有时它们的观点和行为融为一体，有时各种派别脱离共俗，各行其道，尽管它们曾经是道学其他众多"藤蔓"和"分枝"的一部分。

不可能把道学与中国文化的许多方面撇清关系。道学与中国的历法、传统医药、文物珍品，甚至节日和庆典有着深刻的渊源。例如，道家的"黄道吉日"历法与传统的中国历法完全相同。甚至，道教每60年举行一次盛大的仪式，这是因为每到这个时候就是日历上的甲子年，标志着宇宙新周期的开始。

第二章
道学的起源

在中国历史早期，道学主干的发展经历了三个阶段：

第一个阶段是公元前450年至公元前310年左右。这一时期的代表作是（1）现在《道德经》中的一些章节；（2）《庄子》第1—7章，第8—10章和第29章；（3）《管子·内业》和《管子·心术》。这些作品可能是在稷下学宫撰写、修订并流传于世的。

第二个阶段是公元前310年至公元前220年左右。这一时期的代表作是（1）郭店楚墓近期出土的文献，包括多个版本的《道德经》；（2）邹衍在稷下学宫撰写的五行文献以及在郭店楚墓出土的文献；（3）有关黄老道家的文献和庄子弟子传承的《庄子》等相关资料。

第三个阶段是公元前220年至公元前139年左右。这一时期的代表作是（1）在马王堆墓发现的幸存至今的黄老手稿和《道德经》帛书；（2）汇编的《庄子》，包含52章，而非如今的33章；（3）《淮南子》（公元前139年）。

这些作品构成了道家思想的主干。这一主干是通过吸收众多相互联系的思想而生长出来的，是从道学大师的实践和教义的根系中萌生出来的。实际上，我们可以看出道家思想的主干是在由零散文本汇编而成的《道德经》和《庄子》的基础上形成的。

稷下学宫

稷下学宫存在于战国时期（公元前475—公元前221年），是古代的一种"智囊团"。稷下学宫的老师要么是入朝为官的学者，要么是诸侯王的文人后代，只不过这些诸侯王的领地被齐国统治者占领了。稷下学宫汇聚了来自燕国和齐国的道学方士。据记载，齐威王（公元前378—公元前320年）十八年时颁布诏令，广招各路方士，在他们的蛊惑下，齐威王派人外出寻找仙岛，这可以让我们了解一下这些方士所做的事情（Roth 2004：22）。据司马迁（公元前145—公元前90年）的《史记》记载，齐宣王统治期间（公元前319—公元前301年），稷下学宫有76位老师在临淄都城稷门（因此得名稷下）附近被赐予府宅。

稷下学宫的学术交流持续了大约100年，《史记》记载了当时长期任教的17位老师的名字，其中包括系统性阐述五行宇宙说的邹衍（公元前324—公元前250年）和《庄子》最初内容的撰写者庄周（约公元前369—公元前286年）。司马迁提及的许多名字都与黄老道的传承息息相关。伟大的儒家思想家孟子（公元前372—公元前289年）和荀子（公元前313—公元前238年）也与稷下学宫有关。如果记载无误的话，孟子、庄周和邹衍在稷下学宫可能有一定交集。荀子当时或许也在稷下学宫，只不过还是个年轻的学生，之后才成为大师（《史记·卷四十六 田敬仲完世家第十六》《史记·卷七十四 孟子荀卿列传第十四》）。

道学主干的早期发展：《道德经》

中国人很早就知道，哲学大师老子是《道德经》的作者。《道德经》指的是"道和德的经书"。老子之所以成为一名老师，而且是《道经》和《德经》的原创者，这要追溯到道家的另一部伟大典籍——《庄子》。这本书第一次把"老子"作为人名使用。在书中，老子往往被描绘成一个教导和纠正孔子的人，而孔子则被刻画为一个对老子极为尊重和崇拜的人。然而，就像这部经典将许多其他名字作为人名一样，老子这个名字可能是被虚构出来的，表示在一个有影响力的师门中有话语权。在汉语中，"老"指的是"古老的，年龄大"，"子"指的是"老师，大师"。因此，"老子"这个名字可能是"古代老师"的人格化代名词。

老子

老子是关于"道"和"德"的一书的作者，这种说法出现在中国的古典文献中。《庄子》指出，《韩非子》和《淮南子》都认为《道德经》的作者是老子。后来，司马迁在《史记》中为老子作了一个传记，上面说当老子离开中原西行时，写下了五千字真言，分上下两部分，分别探讨了道和德的含义，并交给了尹喜（关令）。老子在宣讲了他的思想之后，便一路西行，无人知晓他去往何处；后来，道家传说老子去教化西方的"野蛮人"（即佛陀和佛教徒）了。

在传记中，司马迁收集了许多关于老子的故事。司马迁说，老子来自楚国苦县曲仁里村（今河南鹿邑县）。老子自称重耳和伯阳。实际上，"老子"一名指代不明确，似乎是指四个不同的人。首先，可以指中国南方名为"李"的人（古时"李"与"老"同音）；第二，可以指一位叫老聃的史学家，是周朝的守藏馆员，也被称为"柱下吏"；第三，可以指哲学大师老子，他见过并教过孔子如何举行祭祀礼仪；第四，可以指老莱子，司马迁称他写了一本15篇的道学作品。

自此之后，在道学历史中，老子被尊崇为天道的化身，而天道是维持宇宙运转的终极力量。像整个宇宙一样，老子在不断地改变和转化。老子是阴阳始祖，出没于每一个时代。

《道德经》有着巨大的影响力。据统计，其中文注疏不少于700条。如今的《道德经》是道学大师传承下来的教义合集，分为两部分，共81章。在近期马王堆和郭店的考古发现之前，《道德经》的所有译本都是基于经注家王弼在公元226年至249年之间编辑的文本。王弼本《道德经》分为《道经》（第1—37章）和《德经》（第38—81章）两部分。

其划分依据可能是这样的：第1章开篇介绍的主要概念是"道"，而第38章之后阐释的主要概念是"德"。相比之下，马王堆出土的更早版本把《德经》放在前面，把《道经》放在后面。无论是哪种情况，刘殿爵（D. C. Lau）都认为《道德经》的划分很可能源自一个传统故事，即老子在离开中原时写下了《道德经》，分为上下两部，传给了驻守西方边关的关令尹喜（Lau 1963：vii）。至于将《道德经》分成81章的原因，在此之前也没有更早的版本给予解释。章节的划分，甚至章节名称，都是由经注本《河上公章句》（约公元200多年）的作者添加的。

马王堆和郭店的考古发现为《道德经》的早期版本提供了新的依据。马王堆是1973年在今湖南长沙附近发现的一处墓葬。此处出土了许多宝贵的文献，包括最早的《易经》手稿和两份《道德经》手稿。这两份《道德经》手稿可以追溯到公元前195年以前，是由写在帛书上的两个不完整的版本组成，现简称为甲本和乙本。这两版《道德经》（马王堆本）与王弼本有两个主要的不同之处：（1）一些用词不一致；（2）章节的顺序颠倒，王弼本的第38至81章在马王堆本的第1至37章之前。更准确地说，马王堆本是按传统的81章排序，顺序为38，39，40，42—66，80，81，67—79，1—21，24，22，23，25—37。韩禄伯（Robert Henricks）出版了马王堆本的译本《老子德道经》（1989），这本书附有大量注释，并与王弼本进行了比较。当代学界将马王堆本与道家流派之一的黄老道联系在一起，这将在之后讨论。

1993年，湖北纪山镇郭店村附近发现了更多的墓葬，离荆门市不远，距楚国故都也只有几公里。一号墓中出土竹简730枚，其中包含71枚竹简《道德经》，竹简内容与《道德经》31章、1—66章一致。这些竹简是我们所拥有的现存最早的《道德经》版本，分为《老子》甲本、《老子》乙本和《老子》丙本，或统称为《竹简老子》。与马王堆的竹简相比，这些竹简与王弼本《道德经》有更多的不同。我们认为，一号墓中的诸多典籍堆积成了一座藏书阁，而从墓中的铭文可以看出，墓主人是"东宫执事"（Allan & Williams 2000：126）。此墓可能建于公元前300年。如果推断正确，我们可以肯定，《道德经》的这些版本在稷下学宫时期以及在《庄子》早期文本出现时或之前就已经存在和传播了。除了《道德经》的竹简之外，此墓中其他常被忽视的竹简也与道学的早期形成有关。例如，第八章（《五行》Bundle Eight）是关于中国早期的五行宇宙说，第十三章（《养生方》）是关于养生的食谱，而养生是道家追求健康、长寿甚至长生不老的常见方法（见《庄子·内篇 养生主》）。

　　《道德经》[1]的所有版本都是由片段汇编而成的，并没有对其进行整理编排，从中得出系统性学说。由此来看，《道德经》更像是一部选集，而不是一本有一个统一主题的书。《道德经》是由一个甚至多个编辑收集片段，并编排成各个章节。可以将这些片段想象成一串珠子，将编辑想象成一个制作项链的珠宝商，这样就有助于理解了。最近，一些学者帮助我们发现，由段落组成的篇章之间的连贯性不强，第八章的两篇优秀译文可以作为例证：

Ivanhoe (2002)	LaFargue (1992)
8a. The highest good (shan) is like water.	8a. The highest excellence (shan) is like water.
Water is good at benefiting the myriad creatures, while not contending with them.	Water, Excellent at being of benefit to the thousands of things, does not contend
It resides in places that people find repellent, and so comes close to the Way.	It settles in places everyone else avoids. Yes, it is just about Tao.
In a residence, the good lies in location. In hearts, the good lies in depth.	★ ★ ★ ★ ★ ★
In interactions with others, the good lies in benevolence.	8b. *Excellence in a house: the ground* 'Excellence in mind: depth
In words, the good lies in trustworthiness.	Excellence in companions: Goodness Excellence in speaking: sincerity
	Excellence in setting things right: good management

---

1 译者注：本书选用《老子道德经注校释》（〔魏〕王弼注，楼宇烈校释，北京：中华书局，2008年）为底本，对相关引文进行校对。

In government, the good lies in order- | Excellence on the job: ability
liness. | Excellence in making a move: good
In carrying out one's business, the good | timing.'
lies in ability. | ★ ★ ★ ★ ★
In actions, the good lies in timeliness. | 8c. *Simply do not contend then there will*
Only by avoiding contention can one avoid | *be no fault.*
blame. |

上表左边是菲利普·J.艾芬豪（P. J. Ivanhoe）的译文（2002），
右边是迈克尔·拉法格（Michael LaFargue）的译文（1992）。在右
边，译者把注意力放在了本章的组成部分上，认为这些部分最初是
分开的，只是后来才汇编成我们现在看到的形式。拉法格认为本章
包含了三个曾经完全独立的言论：其一是关于水及其作为一种类比
来理解"道"的价值；其二是关于"善"的解读；其三是关于"不
争"这一单独补充的训诫。

有时，译者即使一致认为《道德经》的各个章节是拼凑而成的，
也会在划分章节上存在分歧。比较以下刘殿爵和拉法格关于第十五
章的译文：

Lau (1963)	LaFargue (1992)
15a. Of old he who was well versed in the way	15a. The excellent *shi* 士 of ancient times penetrated into the most obscure, the marvelous, the mysterious. They had a depth beyond understanding.
Was minutely subtle, mysteriously comprehending,	
And too profound to be known	★ ★ ★ ★ ★
It is because he could not be known	15b. *They were simply beyond understanding, the appearance of their forceful presence:*
That he can only be given a makeshift description:	
Tentative, as if fording a river in winter;	Cautious, like one crossing a stream in winter timid, like one who fears the surrounding neighbors
Hesitant, as if in fear of his neighbours;	reserved, like guests yielding, like ice about to melt
Formal like a guest;	

Falling apart like thawing ice;
Think like the uncarved block;
Vacant like a valley;
Murky like muddy water.

★ ★ ★ ★ ★

15b. Who can be muddy and yet, settling, slowly become limpid?

Who can be at rest and yet, stirring, slowly come to life?
He who holds fast to this way
Desires not to be full.
It is because he is not full
That he can be worn and yet newly made.

unspecified, like the Uncarved Block all vacant space, like the Valley everything mixed together, like muddy water.

★ ★ ★ ★ ★

15c. Who is able, as muddy water, by stilling to slowly become clear? Who is able, at rest, by long drawn-out movement to slowly come to life?

★ ★ ★ ★ ★

15d. Whoever holds onto this Tao does not yearn for solidity.

★ ★ ★ ★ ★

15e. *He simply lacks solidity, and so what he is capable of: Remaining concealed, accomplishing nothing new.*

　　刘殿爵认为，本章包含两个原本独立的段落。而拉法格认为，本章包含更多的段落。他还指出了编辑所添加的过渡性语言，这些过渡性语言使各部分之间的衔接更加顺畅，每一部分都可以追溯到编者，因此凡是他认为是编者添加的话语都用斜体字进行了标记。

　　研究《道德经》的方法之一是摘取出其最基本的一些概念。下面我采用了菲利普·J.艾芬豪的译文，某些地方使用了我自己的译文。

道

　　"道"是《道德经》中最重要的概念之一。它有时用作名词，有时用作动词，在第一章前几行它的意义就是通过这种方式发生的。

　　　　道可道，非常道。
　　　　名可名，非常名。(《道德经》第一章)

　　《道德经》中的许多地方都清楚地表明，"道"不能被言说，不可被命名，这就是通常所说的"不言之教"。我们也注意到，《庄子·天运》同样强调了这一点。试看以下段落：

> 乐与饵，过客止。
> 道之出口，淡乎其无味。（《道德经》第三十五章）
> 有物混成，先天地生，
> 寂兮寥兮，独立不改，周行而不殆，可以为天下母。
> 吾不知其名，字之曰道。（《道德经》第二十五章）
> 道常无名。（《道德经》第三十二章）

道是不可描述的，用"现实"或"上帝"等词来描述道都存在固有的不准确性，因此，那些以《道德经》为其思想根源的大师道是神圣的和不可言喻的。万物皆生于道：

> 道生一，
> 一生二，
> 二生三，
> 三生万物。
> 万物负阴而抱阳，冲气以为和。（《道德经》第四十二章）

《道德经》这一段指出，道是万物的本原，道学称之为"太一"。道生万物。道的运行方式体现了人类的设想，但并没有说道会谋划或有意志。

人们悟道时会感受到某种存在，这是毋庸置疑的。在第二十一章中，《道德经》用"恍惚"二字来描述这种特征。如果我们想知道这种特征是否是一种精神体悟，或是我们对物质的体悟，那么最好是在其他中文文献查找"恍惚"这个词语的含义。在记录中国古代宗教仪式的《礼记》中，"恍惚"用来指一个人遇到神灵时的精神状态（《礼记》第二十八篇）。基于此，第二十一章描述的是与道相遇时出现的情形。

> 孔德之容,
> 惟道是从。
> 道之为物,
> 惟恍惟惚。
> 惚兮恍兮,
> 其中有象;
> 恍兮惚兮,
> 其中有物。
> 窈兮冥兮,
> 其中有精;
> 其精甚真,
> 其中有信。

《道德经》指出:"执大象,天下往"(《道德经》第三十五章)。然而,"知者不言,言者不知"(《道德经》第五十六章)。

《道德经》告诫我们,当我们试图通过自己的推理、设想和创造而有所作为时,我们反而总是会把事情弄得一团糟。但如果我们不干涉自己的生活而与道同行,道将"解其纷""挫其锐""和其光"(《道德经》第五十六章)。只有当人们放弃了与道合一时,他们才开始在道德、政治、美学和宗教方面进行区分。人们谈论美与丑、勇与懦、善与恶,但这些都是我们自己进行的区分,与道无关。在下面的段落中,《道德经》提到了儒家在道德和社会哲学中的几个概念的区别(仁、义、孝、慈),以此阐明上述观点:

> 大道废,有仁义;
> 智慧出,有大伪;
> 六亲不和,有孝慈;
> 国家昏乱,有忠臣。(《道德经》第十八章)

我们之后会看到,这种区分的弊端在《庄子》中同样受到谴责

（例如《庄子·齐物论》《庄子·德充符》）。在道学中，因这些人为的区分造成的纷争是所有冲突的根源（《道德经》第十八、三十八章）。问题的关键不是去重新区分，或者忘掉这种区分重新回到与道的统一上，不去感受道的存在和力量——德。

德

最近有一些优秀文章介绍了"德"在中国文化中的含义。在汉语中，"德"的含义与"excellence""virtue""power"或"charismatic force"相同，因此，将"德"的含义简单理解为这些英文中的任何一个都不合适。在下面一段中，"德"没有被翻译，这样译者可以把"德"置于语境之中去理解，看到其在段落中的实际意义。例如：

>……
>为而不恃，
>长而不宰，
>是谓玄德。（《道德经》第十章）

与道同行谓之德。《道德经》写道：

>修之于身，其德乃真；
>修之于家，其德乃馀；
>修之于乡，其德乃长；
>修之于国，其德乃丰；
>修之于天下，其德乃普。（《道德经》第五十四章）

把这些段落和前文提到的第二十一章的内容放在一起来看，可以扩大我们的阅读范围。可以说，表现为一个人的力量、智慧、道德行为和与生活变化相和谐的"德"（玄德）和高深莫测的"德"

（孔德），是在恍惚状态下悟道后转化而来的。无论是通过个人沉思冥想还是在祭祀仪式中体悟到的"德"都是道家之德的来源。

无为

"德"不是通过拼搏、谋划或修炼表现出来的。道学使用"无为"这个概念，是为了表示一种不费力的状态。"上德不德，是以有德"（《道德经》第三十八章）。"无为"二字被先辈译为"不作为"。因此，许多译者认为"无为"是《道德经》主张以清静和无为作为修道的方式。但是《道德经》清楚地表明人应该有为：

> 为无为，
> 事无事。（《道德经》第六十三章）

无为是一种行为，但它不是有意的作为或不作为，而是道学和道学圣人特有的一种做事方式："是以圣人处无为之事"（《道德经》第二章）。无为类似于一种没有经过深思熟虑的自然或自发的行为，它源于道及其无限的"德"。下面，我们将介绍《庄子》的《养生主》《达生》《田子方》中的几个例子，来说明修道之人是如何感受无为的。

对于一个生活在西方精神思想中的人来说，强调顺其自然行事似乎有些奇怪。西方人通常认为，顺其自然行事不可取。西方人可能会把"顺其自然"理解为回归动物本性，或者"沦落为最低级的动物"。不修道的人不会高看随性而行的人；他们希望人们认真想想自己在做什么，对自己的行为负责，权衡行为后果。但在道学中，自然地与道同行并不是消极的。我们的习惯、规矩和名利思想使我们心烦意乱，加剧我们生活中的紧张，而自然地与道同行就是我们摆脱这些人为烦恼的方式。无为的神圣之处在于它与道的作用相一致，而不是人类智慧、谋划或创造的结果。被道感化的人具有高深莫测的"德"。

《道德经》并没有说无为忽视了我们所说的积极进取的美德，或者与这些品质没有联系。这不是《道德经》对这种美德进行彻底批判的地方。《道德经》想要表达的是，遵循约定俗成的要求和规则，就好像其本身就是目标一样，只会带来沮丧和痛苦，而悟道时无为行为会"获得天下"，万物也将归于和谐。在无为中，个人与道是和谐一致的，"德"就是这种状态的体现。"为无为，则无不治"（《道德经》第三章）。"侯王若能守之，万物将自化"（《道德经》第三十七章）。

虚无 清净 柔弱

"虚无"最初听起来很神秘、模糊，可能不清楚这与我们所说的道、德和无为如何联系起来。我们可能会觉得奇怪，《道德经》的许多地方都把虚无描绘成充满力量。《道德经》以比拟的方式说："当其无，有车之用。……当其无，有器之用。……当其无，有室之用"（《道德经》第十一章）。问题是，由于心中有名利，我们无法顺其自然与道同行。所以，那些追求道和德的人并不渴望学会全世界的知识，而是想让自己进入虚无状态。功名利禄使我们陷入困境，产生欲望，而这些欲望正是所有人类痛苦、暴力和邪恶的根源。虚无状态就是这样一种摆脱名利的方法。贼人出现源于偷窃，而偷窃源于"这个东西是我的而非你的"的欲念。我们称一些人有钱、有势或有名，才有了窃贼的贪婪动机。如果我们都没有这些名利追求，就不会再有窃贼了（见《庄子》关于盗跖的论述）。我们使用诸如成败、哀乐、生死、贫富、对错等词语表示差别，但它们都是我们自己创造的。道没有任何功利之分。基于此，就有了一个令人困惑的说法，即完美的统治者"常使民无知无欲，使夫智者不敢为也"（《道德经》第三章）。

虚无意味着一个人回归自然状态，忘记人的特性。道学大师变得像群山之间的峡谷，或像未经雕琢、没有被摆弄、扭曲、变形的木材一样（同《庄子·马蹄》）。将虚无比作峡谷非常恰当，因为它是群山之间的空隙。将圣人比作未雕琢之木也非常合适，因为圣人必须顺其自然地行动和生活，而不是痴迷于依世俗的标准雕刻或修炼自己："为天下谷，常德乃足，复归于朴"（《道德经》第二十八章）。

虚无也指一种接受的倾向。就像一只碗准备好盛饭菜一样，追求道的存在的大师也是如此，他们想要得到道和德。这就解释了虚无与柔弱的联系。《道德经》在虚无、峡谷和柔弱之间做了一个清晰的类比：

> 知其雄，守其雌，
> 为天下溪。
> 为天下溪，常德不离……（《道德经》第二十八章）

在两性关系中，女性是一个"接受"的角色。在《道德经》的精神思想中，接受道的存在的人将拥有其永恒的德。对于想修道的人，《道德经》问道：

> 天门开阖，能为雌乎？（《道德经》第十章）

《道德经》提到的打开和关闭天堂之门，描述的是进入一种精神意识的状态。道学大师通过打坐、清净和冥想独自进入这种状态。他们也通过祭祀仪式进入这种状态（第十章）。如果一个人成功地扮演了女性的角色，那么天堂之门将被打开，其就会进入道的恍惚意识状态，并被无限的德所改变。

> 天地之间，其犹橐籥乎？
> 虚而不屈……（《道德经》第五章）

这种改变使人以孔德行无为之举。因此，毫不奇怪，《道德经》认为随着世界变化，一个人变得虚无，接受了恍惚状态下大道的虚妄力量，那么他就会得到巨大的改变：

> 执大象，天下往；
> 往而不害，安平太。（《道德经》第三十五章）

相互性

老子常常引导弟子不要只盯着事物的对立面，而应有思维鉴别能力，他们利用中国的阴阳宇宙观，将概念从对立性转移到相互性。《道德经》说："万物负阴而抱阳，冲气以为和"（《道德经》第四十二章）。这是《道德经》中唯一明确提到阴阳的句子。不过，《道德经》很多地方都涉及了相互性这一主题，以此来警告人们不要只关注事物的某一方面而忽略了另一方面。

> 天下皆知美之为美，斯恶已；
> 皆知善之为善，斯不善已。（《道德经》第二章）

相互关系是战国时期普遍宇宙论的一部分。从战国时期到宋代，最常用的阴阳形象是虎和龙。从战国到汉代，墓葬中的漆器、房瓦、镜子和石棺的嵌板都呈现龙虎形象（Little 2000：128–32）。到了宋代，太极图开始取代龙虎形象。太极的含义是"至高无上"。《太极图》是由道士陈抟（公元906—989年）首次描绘的。《太极图》中，白为阳，黑为阴，黑中一白点，白中一黑点，这表明阴阳并不对立。从阴来说，我们应该将女性与柔弱、柔顺、温暖和黑暗联系在一起；从阳来说，我们应该把男性与勇猛、刚强、冷淡和光明联系在一起。在中国物理学中，阴阳之力源自道，以气的形式呈现，气生五行和世界万物。在相互性方面，阴阳相互促进，在和谐与平衡中找到出路。一个人不应该永远咄咄逼人或争强好胜，有时应该温和顺从。

任何男性都不该没有一些女性特质，反之亦然。甚至美也不应该只追求美，因为在这种追求中，美会自我毁灭。《道德经》中的相互性经常用来批评人的名利和判断。"有无相生，难易相成……，高下相倾……"（《道德经》第二章）。同样，"夫物或行或随，或嘘或吹，或强或羸……"（《道德经》第二十九章）；"甚爱必大费，多藏必厚亡"（《道德经》第四十四章）。

《道德经》并不是说受伤不是受伤，也不是说痛苦是一种幻觉和不真实。《道德经》想表达的是，当受伤仍是受伤时，它已经朝着健康的方向发展了。道的相互性是无法用理性来解释的。人们的设想、方法、计谋和行动策略并不会带来平衡与和谐，反而会令我们失去平衡，陷入更大的混乱。这就是为什么第五十六章说：

> 知者不言，
> 言者不知。
> 塞其兑，
> 闭其门，
> 挫其锐；
> 解其纷，
> 和其光，
> 同其尘，
> 是谓玄同。（《道德经》第五十六章）

如果我们认为生活中发生的事情是不公平的（一种歧视），我们应该记住，"天网恢恢，疏而不失。"（《道德经》第七十三章）《道德经》称道的相互性为玄，"玄之又玄，众妙之门！"（《道德经》第一章）：

> 曲则全，
> 枉则直；
> 洼则盈，

敝则新；

少则得，

多则惑……。(《道德经》第二十二章)

圣人

《道德经》的完人（圣人）是什么形象呢？圣人"当其无"(《道德经》第十一章)。圣人"守其雌"(《道德经》第二十八章)。圣人"负阴而抱阳，冲气以为和"(《道德经》第四十二章)。圣人无为，不受名利的束缚，圣人不欲，不求认同，不循规蹈矩(《道德经》第三十七章)。圣人安定，"知足之足"(《道德经》第四十六章)。正如我们所看到的，《道德经》告诫那些试图伤害他人的人，"为者败之，执者失之"(《道德经》第二十九章)。圣人属阴，为人柔弱顺从，而非刚直用强，不会将自己的意志强加于生活(《道德经》第七十六章)。圣人"功成而弗居"(《道德经》第二、五十一章)。圣人"后其身而身先"(《道德经》第七章)。圣人从不"自见"(《道德经》第二十二、二十四、七十二章)。圣人从不"自伐"(《道德经》第二十二、二十四章)，圣人"功成而不处"(《道德经》第七十七章)。圣人"见素抱朴，少私寡欲"(《道德经》第十九章)。圣人"以百姓之心为心"(《道德经》第四十九章)，圣人"常善救人"(《道德经》第二十七章)。圣人在实践中体现道，"没身不殆"(《道德经》第十六章)，圣人使天下不殆(《道德经》第三十二章)。圣人"亦不伤人"(《道德经》第六十章)。"天将救之，以慈卫之"(《道德经》第六十七章)：

含德之厚，比于赤子。

蜂虿虺蛇不螫，

猛兽不据，

攫鸟不搏。

骨弱筋柔而握固。

未知牝牡之合而合作，精之至也。

终日号而不嗄，和之至也。（《道德经》第五十五章）

将圣人比作婴儿很具启发性。圣人，无论年龄大小，都必须像婴儿一样轻松自然、不劳心神、本能而行。但他们的行为并不幼稚，而是道中"德"的无为。

第三章
道家思想的多元性

庄子和《庄子》

我们对庄子或《庄子》的了解，大部分来自司马迁的《史记》。据《史记》记载，庄子名周。他生活在梁惠王（公元前400—公元前319年）和齐宣王在位期间。相传，他曾在宋国（今河南省）蒙邑的"漆园"任官。庄子与伟大的儒家思想家孟子生活在同一个时代，司马迁称，庄子也是在稷下学宫任教的大师之一。司马迁告诉我们，庄子写了一部10万余字的作品，内容大部分是寓言故事。这并非无稽之谈，因为《庄子》中确实有许多有趣的故事和人物，甚至还有会说话的动物、树木和骷髅。《庄子》一书是一座巨大的宝库，具有多种文体风格，包含丰富的中国哲学和宗教思想。

今本《庄子》是由文官郭象（卒于公元312年）编辑而成的，共33篇。与《道德经》一样，大多数此类典籍包含许多由编辑整合的片段，如同把珠子串在一根线上。然而，不同于《道德经》，我们知道还有一本更厚更古老的《庄子》。这本"失传的《庄子》"分为52篇，出现在约公元110年的皇室文献目录中。"失传的《庄子》"无疑比皇室文献汇编的时间更早，但具体早了多少年还不清楚（Watson 1968：13）。

今本《庄子》通常分为三大部分：内篇（第1—7篇），外篇（第8—22篇，约公元前180年）和杂篇（第23—33篇，约公元前

250 年）。我们不确定是郭象还是一些更早的编者将《庄子》这样划分（Watson 1968：13 & Roth 1991：80）。事实上，这种整齐的划分方式对于识别某一特定篇章在道家历史起源中的作用帮助不大。《庄子》包含不同的文体风格，既有诗歌和短篇散文，又有自庄子之后很长时间内的历史发展和历史人物。它还包含许多以第三人称描写庄子的段落，它们之间的内容也存在明显的内部差异，这反映了《庄子》内容的多源性。

当代学者，如葛瑞汉（Angus Graham）（1986）、刘笑敢（1994）和哈罗德·罗斯（Harold Roth）（1991），都建议换一种更好的方式来理解《庄子》的篇章结构，但每一种方式都遭到了反对。对《庄子》的研究中，我主要依据伯顿·沃森（Burton Watson）（1968）的译文，也包括某些地方自己的译文。

《内篇》

第一至第七篇中的许多段落可能是庄子所写，所以它们在《庄子》中最为古老，并可能与庄子在稷下学宫的讲学内容有关。然而，由于此书是用第三人称来描述庄子的，这些章节的实际内容显然不是庄子所写。

《内篇》的宇宙观

第一至第七篇中的一些内容体现了一种宇宙世界观，这种世界观并非战国时期道家各派大师所独有，但可以肯定的是，他们是开创者。五行世界观形成于稷下学宫时期，而宇宙观就是在五行世界观的基础上形成的，这在书中许多地方都有所体现（《庄子·齐物论》《庄子·大宗师》《庄子·应帝王》）。

什么是五行世界观？

邹衍（约公元前324—公元前250年）虽然是在更早的
思想基础之上创建了五行世界观，但他却是《庄子》的理
论基石（宇宙论）具体内容的最早奠基者。五行世界观由
气的力量、阴阳之力和现象的五行组成，而现象的五行解
释了物体（固体、液体、气体等）进出我们感官范围的方
式。邹衍借助五行（水、火、木、土、金）来解释存在的
事物。万物都是由无穷无尽的气的能量排列而成，物体的
形态不是固定的。在这种世界观中，万物都处于运动之中；
与其他事物相比，体型和寿命占优势的事物在其他方面并
不具优势。现实的运动就像"巨型云团呼和吸气"。

在《内篇》中，万物的本原表现为虚无、蠕动、翻转。它是一
种能量而非实物。它既不是物也不是人（《应帝王》）。现实中的每
一个事物和实体都能发出自己的声音，但庄子反问："是谁发出的"
（《齐物论》）？在《内篇》中，这个问题绝不会不予回答。庄子说：
"是亦近矣，而不知其所为使。若有真宰，而特不得其眹。可行已
信，而不见其形，有情而无形"（《齐物论》）。[1]

在《内篇》的宇宙论中，我们感受到的每个存在的事物都处于
运动之中，所以我们可能想知道"我"是否有任何"我"也在运动
之中（《大宗师》）。当然，当论及人类自己时，我们有意识和知觉，
这是毫无疑问的。唯一的问题是，是否有某种事物也具有这种意识，
是否有一个自我潜藏于意识之下，且具有某种不同于意识本身的身
份。在道学的世界观中，旋转和变化的过程有时会将气的五行与意
识，甚至是自我意识，结合在一起。但是关于是否存在潜意识的自
我/思想/灵魂这个问题，道学没有任何确切的答案，就像他们对许

1　译者注：本书选用《庄子》（庄周著，郭象注，上海：上海古籍出版社，1989年）为底本，对相关引
　　文进行校对。

多其他问题也有不同的看法一样。

《内篇》明确的一点是，道学大师能够掌控他们所经历的阶段性变化并采取不同的形式给自己和他人带来不同寻常的体验。这是壶子、他的弟子列子和一个乡野巫师（《应帝王》）之间的一段故事。这种宇宙观暗含于《庄子》的思想中，即人与物像大熔炉中的金属一样不断地被锻造和再锻造（《大宗师》）。

《内篇》的道学目标

第一至七篇中可能记叙了庄子老师的故事，或其弟子听闻过的大师的故事（如：许由、连叔、子綦、王倪、长梧子、蘧伯玉、匠石、伯昏无人、女偊、子祀、子舆、子犁、子来、子桑户、孟子反、子琴张、子舆与子桑、王倪和蒲衣子、接舆、老聃、壶子等）。虽然第六篇《大宗师》中一段文字几乎可以肯定不是庄子写的，但肯定是对"真人"这一道者完美形象的描述，而且可能是基于上述人物的故事才有了这个形象。正如《道德经》也指出的那样，真人不会受到伤害，因为他们已经不在乎生死和得失（《齐物论》）。他们就像平静的湖水一样，动荡不安的生活不会激怒他们从而变得狂躁暴力、骄傲自大或采取其他破坏性行为。他们内在的"灵府"不受任何事情的影响。对他们来说，万物平等，也就是说，在现实中没有成败、美丑等的差别。我们有这些差别，但它们不属于道（《德充符》）。我们已经走在从《道德经》思想中探索出来的道路上。

"古之真人，不知悦生，不知恶死"（《大宗师》），他完全忘记了这些区别，乐于生命的变化。这就是著名的故事"朝三暮四"的寓意：

> 养猴人给猴子橡子时说："你们早上分三粒，晚上分四粒。"猴子们听了非常愤怒。养猴人便改口说："那么，你们早上分四粒，晚上分三粒。"猴子们听了都高兴起来了。这

些话并没有改变实际橡子的总数，但猴子们却为之或喜或怒（《庄子·内篇·齐物论》）。

《内篇》再次强调，事情的好坏很大程度上取决于其对立面。睡在阴冷潮湿的地方的人醒来时会腰酸背痛，而泥鳅却不觉得难受。爬到树上睡觉的人会吓得发抖，而猿猴却不害怕。"三者孰知正处？"这个问题可以用普遍真理来回答吗？答案是"不可以"。这取决于人的视角。

道学大师教导其弟子，喜、怒、哀、乐、怯等情绪上的区别如雨后春笋般不断涌现，第二天又被其他情绪取代。一位大师问："我们怎么知道热爱生活不是妄想，坚持我们认定的事情就是幸福，道德权利不仅仅针对的是不加区分就不存在的事物？"（《齐物论》）丽姬的故事就是很好的例证：

> 丽之姬，艾封人之子也。晋国之始得之也，涕泣沾襟。及其至于王所，与王同匡床，食刍豢，而后悔其泣也。予恶乎知夫死者不悔其始之蕲生乎？（《庄子·内篇·齐物论》）

与他人相比，真人的教义无言，却可以实现与道的合一。这好像指的是《道德经》第二十一章的恍惚概念中的那种精神体验或转变的意识状态。由于《内篇》十分重视"得道"，我们似乎应该将其紧密联系起来。每当真人"得道"时，他们就会变得像宇宙中的神灵，比如北斗、黄帝和西王母（《大宗师》）。他们可以进入昆仑（即黄帝的玉宫和西王母的长生蟠桃园所在的道教天堂）。由于真人已经掌控了气的流动和五行，他们可以以不同的形态在世间行走。

《内篇》记录了庄子与其他稷下学者之间大量的理性辩论，但毫无疑问，庄子并不认为赢得理性辩论等于拥有真理：

> 既使我与若辩矣，若胜我，我不若胜，若果是也？我果非也邪？我胜若，若不吾胜，我果是也？而果非也邪？

其或是也？其或非也邪？其俱是也？其俱非也邪？我与若
不能相知也。则人固受其黮暗，吾谁使正之？使同乎若者
正之，既与若同矣，恶能正之？使同乎我者正之，既同乎
我矣，恶能正之？

　　使异乎我与若者正之，既异乎我与若矣，恶能正之？
使同乎我与若者正之，既同乎我与若矣，恶能正之？然则
我与若与人俱不能相知也，而待彼也邪？"（《庄子·内
篇·齐物论》）

掌控生活的力量和控制自己转化的能力并不源自理性，而是源
自与道的统一。所以一个人可以不假思索、自发轻松地生活，如《内
篇》中著名的屠夫庖丁，他解牛既不伤骨也不钝刀（《养生主》）。与
庖丁一样，真人轻松地随道而行（《人间世》），他们对此非常满足，
不会改变、规划和安排自己的生活（《养生主》《大宗师》）。世人对成
功、权力、影响和成就有不同的看法，而真人有自己独特的想法。由
此来看，按照世界及其世俗的标准，真人是"无用的"（《人间世》）。

《内篇》中的为政之道

第一至七篇中有一个非常明确的观点，即：早期的大师对官员
或统治者没有任何用处。相反，他们建议让世界在道中运转，因为
道无需人的参与，就可以将一切事物纳入秩序之中（《逍遥游》）。的
确，真人必须避免强行将世界统一为一种模式。政治阴谋与自然之
事背道而驰，与道同行才是生活正道。对于依赖准则、法律和制度
的政治家，接舆说：

　　是欺德也。其于治天下也，犹涉海凿河而使蚊负山也。
夫圣人之治也，治外夫？正而后行，确乎能其事者而已矣。

　　（《庄子·内篇·应帝王》）

就连圣人君主尧在拜访姑射山的四位大师时，也认识到官府没必要存在，修道者可以将官场的事情置身事外（《逍遥游》）。《应帝王》中的殷山无名人也提出了同样的观点。

《道德篇》

第八至十篇和第二十九篇分别属于《外篇》和《杂篇》，应视为一个整体，即《道德篇》。书中第八至十篇明显与其他篇不同，它们构成了一个连贯的篇章，通常使用的是第一人称，篇章内也使用了插图。没有任何不相关的内容影响其连贯性。因此，《道德篇》很可能是由一个人撰写的，他撰写的内容和主题也见于《道德经》。

本篇具有独特性的最重要的文字证据之一是作者经常把"道德"合用作一个复合词。而《道德篇》却没有提及《道德经》中常见的"无为"这一道学思想，而是强调回归自然和接受"性命"。《道德篇》中"性命"的概念是我们应该将这部分内容与第1—7章分开的另一个原因。在第一至七章中，从未使用过这种复合词（Liu 9）。然而，庄子说："吾所谓臧者，非仁义之谓也，臧于其德而已矣。吾所谓臧者，非所谓仁义之谓也，任其性命之情而已矣"（《骈拇》）。

有一个观点贯穿了整个《道德篇》，即远古时期人们修道持德的社会已经慢慢地走向衰落了。《道德篇》讲述的故事特别指出，怀抱精英儒家的价值观，如仁慈和正直以及对私人财产的区分，是社会混乱无序、无法可依的根源。盗跖的故事就是很好的例子，它先在第十篇中简单介绍，然后在第二十九篇中详细叙述。正如我们在《道德经》中看到的那样，《庄子》也一贯反对仁义等儒家根本的价值观，因为它们和"与道合一"的观念背道而驰。

作者在第八至十篇中常说，人们抛弃"道"和"德"之后，才尊崇儒家的仁义之道，而他们提倡的名利却造成了社会的动荡不安（例如《骈拇》《马蹄》）。而此前的真德时期，万物和谐共生，顺其自然。作者有一个说法很有趣，即儒家提倡的名利实际上是各种贪婪、盗窃、谋杀、强奸和暴力等祸端的根源。他说，当人们效仿儒家圣人追逐财富和成功时，就会出现盗跖这样的盗贼。如果没有这种贪欲，那么就不需要去偷盗和抢劫了（《胠箧》）。

《道德篇》对儒家思想持批评态度，因为追求它会扼杀人的本性，造成世界混乱：

> 待绳约胶漆而固者，是侵其德者也；屈折礼乐，呴俞仁义，以慰天下之心者，此失其常然也。（《庄子·外篇·骈拇》）

作者在《马蹄》中指出，驯马破坏了马的本性："夫埴木之性，岂欲中规矩钩绳哉！"作者说，儒家大张旗鼓地追随仁，小心翼翼地接近义，但如果人们没有抛弃道和德，就不会有人提倡仁义，世人就会按照自己的"性命"生活。儒家的修身强调遵守社会规则、礼仪和道德。这些思想靠的是师徒传承，因此这种师徒传承被比作趾间有一块无用的肉（《骈拇》）。

我们将如何看待书中这一部分呢？虽然它不是庄子本人所写，但《道德经》中作者表达的情感或重复的语句很可能与庄子和他的学生在稷下学宫的经历有关。稷下师生云集，我们不知道《道德经》的一些早期内容是形成或编撰于稷下学宫兴盛时期，还是庄子任教前后。

《黄老篇》

葛瑞汉（Angus Graham）称本篇的作者为"调和论者"，过去一直认为它与外篇的划分有关。我们应该注意到，本篇的每一章都是以散文开头，有些散文后附有在书中其他地方出现的包含寓言和故事的段落。作者/编辑是否以及如何将这些段落与之前的散文联系起来，一直饱受争议。

《庄子》本篇的内容为我们初步展示了后世司马迁所说的与黄老道相关的思想体系。这种思想体系是在稷下学宫兴盛时期和之后发展起来的。纵观道学历史，《庄子》最早介绍了这一重要思想体系的特征。在下一篇中，我们将看到，《淮南子》（公元前139年）可能从不同方面对黄老学说加以阐释。

《庄子》中包含了黄老学说，这体现在不管是按风格还是按主题分类，一些小段落均突出了黄帝的形象。

在讲道者的完美形象时，黄老大师传承下来的典籍中使用了"圣人"（非真人）一词，而《内篇》和《道德篇》却没有使用这个词。在黄老文献中，辨别圣人的典型行为模式是"无为"。与第一至七篇中的真人一样，圣人不荣通，不近贵富，不哀夭。圣人能够无为地生活，直接原因是他"虽身处人世，但他的思想游荡在精神世界"（《天地》），面对人生境遇的起伏，圣人如"安逸的鹌鹑"，不为情感和思想所左右。

黄帝

《庄子》中的"黄帝"以及司马迁在谈黄老派时使用的"黄帝"指的是谁呢？人们习惯上认为，黄帝是中国古代神话中的第三位帝王。据传，他生于公元前2704年，于公元前2697年称帝（当时的部落首领—译者注）。黄帝在位期间，开始兴造木屋、舟车、弓箭，并创造了文字和政府机构。据说他的妻子曾教妇女养蚕和织丝。

我们注意到，第一至七篇中庄子对理性和逻辑思维的批评以及黄老学说，都教导人们应该抛弃知识。下面一段突出反映了黄帝对理性知识的排斥：

> 黄帝游乎赤水之北，登乎昆仑之丘而南望。还归，遗其玄珠。使知索之而不得，使离朱索之而不得，使喫诟索

之而不得也。乃使象罔，象罔得之。黄帝曰："异哉，象罔
乃可以得之乎？"（《庄子·外篇·天地》）

（黄帝游赤水北面，又登上了昆仑山，居高向南方眺
望，返回时丢了玄珠。黄帝让知去寻找，聪明的知没找到；
让明察的离朱去寻找，离朱也未能找到；让善辩的喫诟去
寻找，喫诟也未能找到；让无形迹象罔去寻找，象罔找回
了玄珠。黄帝对此感叹说："这事多么奇怪啊！象罔怎么找
到呢？"—译者注）

在第一至第七篇中，庄子和惠子之间的友谊和抬杠成为放弃互
相争辩和驳斥的原因。而在黄老学章节中，通过痛批孔子并把老子
描绘成孔子的老师，也明确表达了这个观点。

老子和孔子相关段落

《庄子·天地》	与孔丘对话：老子批评演说家（如孔子）和那些挖空心思想做事的人。他们的命运像敏捷的猴子和捕鼠的狗一样可悲。他们必须忘记这一切。
《庄子·天道》	与孔丘对话：孔子想将儒家十二经收进皇家图书室，但当老子发现这些书籍的核心思想是仁义之别，只会给人造成思想混乱时，便拒绝了。
《庄子·天运》	与孔丘对话：孔子抱怨他没有在仁义中找到道，老子告诉他这并不奇怪，他应该在无为中安憩。
《庄子·天运》	与孔子对话：老子再次谴责四处奔波广施仁义，认为应该提倡顺其自然，如天鹅生来就是白毛，乌鸦生来就是黑羽。
《庄子·天运》	与孔丘对话：孔丘进献自己所著的六经给统治者，但他们并没有采用他的为政之道。老子说他们不听是好事，并批评六经是固步自封的老路。对话结束时，孔子意识到他必须顺其自然。

黄老学说的治国之道

关于治国之道，本篇以主要人物黄帝为例，称他在统治初期以
仁义之举来扰乱人心，随后造成了社会动荡不安，这一切归咎于书

中指名道姓的儒家人士和墨家人士（《在宥》）。但是第十一篇的寓意丰富，介绍了黄帝前往崆峒山拜访广成子的故事。黄帝掌握至道精髓后，便"告退回朝，不务政事，筑静室，铺茅草，隐居三月"（《在宥》）。之后黄帝重理朝政时，采取无为而治，最后长生不老。黄帝采用儒家的方式统治，结果扰乱了人心，造成了灾难，但无为而治之下，他建立了辉煌的功绩。

黄老大师试图将他们的学说与道德和《内篇》思想结合起来，但他们也竭力证明遵道与统治并不对立。《天道》中的一段试图将这些概念和谐统一起来：

> 夫虚静恬淡寂漠无为者，万物之本也。明此以南乡，尧之为君也；明此以北面，舜之为臣也。以此处上，帝王天子之德也；以此处下，玄圣素王之道也。以此退居而闲游江海，山林之士服；以此进为而抚世，则功大名显而天下一也。静而圣，动而王，无为也而尊，朴素而天下莫能与之争美。

在这段话中，天下之乱并不归咎于崇高的儒家圣王尧舜，相反，他们的成功和伟大得益于他们实施了道学主张：无为、虚无、清净。任何合格的统治者都应该向他们学习。

庄子《弟子篇》

第十七至二十八篇和第三十二篇的内容依然有所不同。一般认为，本篇的内容选自《外篇》和《杂篇》，系最早传播庄子思想的弟子所为。有一些证据可以表明其真实性：（1）除第十九和二十三篇外，本篇中的每一章都包含以第三人称直接讲述庄子的活动和教义的段落，这符合我们对他的弟子们的揣测。事实上，除了第一至七篇外，《庄子》还记载有25个关于庄子的事迹。本篇就有23个。

（2）刘笑敢（1994）对本篇的章节进行了深入的概念研究和语言研究。他研究了90个段落，发现这些章节和本书中与庄子本人所写的第一至七篇完全相同或密切对应。（3）由于90处与第一至七篇相关的内容分布在第十七至二十七篇中，可以认为这些内容极有可能是由大师世代传承收集的，而这些大师最初是以庄子为师的。（4）与第一至七篇相同，但区别于《道德篇》和黄老典籍，它们使用"真人"来代表道者的完美形象。

庄子《弟子篇》的治国之道

庄子的弟子反对第一至七篇提到的治国之道。但是，如果这种治国之道是以无为的方式实施的，他们便会放弃黄老宗派思想传承转而拥护之。为了解释为什么庄子从来没有治理过国家，其弟子们向我们讲述了庄子在濮水旁垂钓时，楚王的两个大臣来请他治理楚国的故事（《秋水》）。庄子拒绝道，他宁愿做一只乌龟，尾巴拖在泥里，也不愿做王宫里死去已久的神龟。显然，本篇揭示了庄子对官职和官府管理的厌恶。例如，庄子告诉他的老朋友惠子（惠子在本篇中再次出现，但在《道德篇》和《黄老篇》中没有出现），他不想去为官（《秋水》）。

《让王》包含许多关于治国的内容，其中最著名的是"善卷让王"的故事。如下例：

> 舜以天下让善卷，善卷曰："余立于宇宙之中，冬日衣皮毛，夏日衣葛絺（用苎麻织成的细布—译者注）。春耕种，形足以劳动；秋收敛，身足以休食。日出而作，日入而息，逍遥于天地之间，而心意自得。吾何以天下为哉！悲夫，子之不知余也。"遂不受。于是去而入深山，莫知其处。

本篇的其他地方也提到，只有不想治理国家的人才真正适合治理国家：

> 越人三世弑其君，王子搜患之，逃乎丹穴。而越国无君，求王子搜不得，从之丹穴。王子搜不肯出，越人熏之以艾。乘以王舆。王子搜援绥登车，仰天而呼曰："君乎，君乎，独不可以舍我乎！"王子搜非恶为君也，恶为君之患也。若王子搜者，可谓不以国伤生矣！此固越人之所欲得为君也。

本篇还有一些地方指出，道学大师宁愿躲藏起来甚至自杀也不愿治理国家。

庄子《弟子篇》中的道学大师庄子

这一篇中有关庄子的许多内容很可能是在他去世后写的，或者至少是在他离开稷下之后写的。庄子的弟子或许是迫于其他学派的压力才捍卫庄子的思想。他们采取了很多行动，著名的名家公孙龙与魏国公子牟的对话就是一个很好的例子：

> 公孙龙问于魏牟曰："龙少学先王之道，长而明仁义之行；合同异，离坚白（能够把事物的不同与相同合而为一，把一个物体的质地坚硬与颜色洁白区分开来—译者注）；然不然，可不可（能够把不对的说成是对的，把不应认可的看作是合宜的—译者注）；困百家之知，穷众口之辩：吾自以为至达已。今吾闻庄子之言，汒焉异之。不知论之不及与？知之弗若与？今吾无所开吾喙（嘴—译者注），敢问其方。"……（公子牟回答道）"且夫知不知是非之竟，而犹欲观于庄子之言，是犹使蚊负山，商蚷驰河也，必不胜任矣。"（《庄子·外篇·秋水》）

这里我们可以说，庄子不仅是一名合格的老师，而且还有着深邃的思想。这个评价的背后是惠子与庄子是友好的对手（这在第一至七篇中很明显），它们之间不进行争辩和理性分析。

庄子《弟子篇》中的道者形象

从第一至七篇中可以看到，庄子的弟子保存和编撰的章节批驳了对名利的追求。我们发现许多地方都描述了丽姬和"朝三暮四"等故事中的一种视角主义（认知总是受一个人视角的局限—译者注）。《秋水》以河伯与北海若的对话开场，在他们的对话中，北海若提醒河伯"……是非之不可为分，细大之不可为倪……以道观之，物无贵贱……由此观之，争让之礼，尧、桀之行，贵贱有时，未可以为常也"。以下内容选自本篇最著名的段落，叙述的是庄子与一个古老的"髑髅"的对话，让我们更加明白，我们不能确定自己是否应该从一个视角看待真相：

> 庄子之楚，见空髑髅，髐然有形。撽以马捶，因而问之，曰："夫子贪生失理而为此乎？将子有亡国之事、斧钺之诛而为此乎？将子有不善之行，愧遗父母妻子之丑而为此乎？将子有冻馁之患而为此乎？将子之春秋故及此乎？"于是语卒，援髑髅，枕而卧。
>
> 夜半，髑髅见梦曰："子之谈者似辩士，诸子所言，皆生人之累也，死则无此矣。子欲闻死之说乎？"庄子曰："然。"髑髅曰："死，无君于上，无臣于下，亦无四时之事，从然以天地为春秋，虽南面王乐，不能过也。"庄子不信，曰："吾使司命复生子形，为子骨肉肌肤，反子父母、妻子、闾里、知识，子欲之乎？"髑髅深矉蹙頞曰："吾安能弃南面王乐而复为人间之劳乎！"（《庄子·外篇·至乐》）
>
> （庄子到楚国去，在路边看见一个髑髅，形状空枯，便

用马鞭敲着它而问道："先生你是贪生背理而死的吗？是国家败亡，遭到刀斧的砍杀而死的吗？是做了不善的事，玷辱了父母妻儿而死的吗？是遭受冻饿之害而死的吗？是年寿尽了自然而死的吗？"说完后，就拿过髑髅当做枕头睡起来。

半夜里，髑髅出现在庄子的梦中说："刚才你的谈话好像是个辩士。看你所说的，都是人生的累患，死了就没有这些累患了。你想听听死人的情况吗？"庄子说："好的。"髑髅说："人死了以后，上面没有君主，下面没有臣子，也没有四季的劳作忙碌。从容自在，顺着天地的自然过日子，虽然是南面称王的快乐，也是比不上的。"庄子不相信，说："我请掌管生命的神灵恢复你的形体，还给你骨肉肌肤，把你送回到你的父母妻儿、邻居朋友那里去，你愿意吗？"髑髅听了以后深深皱起眉头，说道："我怎么能抛弃国王般的欢乐，而重新回到人间去饱受劳苦呢！"—译者注）

与第一至七篇一样，这些内容也教导我们不要憎恨在大道熔炉中所取得的转化，也不要急于用人类的功利心来区分它们。庄子弟子称，庄子即使在妻子死后也不憎恨生命的变化。

第一至七篇明确指出，真人具有非凡的能力。庄子弟子强调了这一点，甚至试图解释其可能性。他们介绍了关令尹喜的形象，来表明真人非凡的能力是控制气的结果，与后天技能无关（《达生》）。基于此，他的弟子整合了许多段落，指出真人的德不能通过理性认识甚至反复实践获得（《达生》）。真人之德源于与道合一，所以他们能够在无为中无忧无虑、轻松自在地生活，就好比《内篇》中的名屠庖丁，他解牛既不伤骨也不钝刀（《养生主》）。庄子弟子收集了类似"无为"行为的故事，例如：《达生》中泳潜技术出色之人、觞深湾技术绝佳的摆渡人、捉蝉技术惊人的驼背老人、周宣王的斗鸡训练师纪渻子、鬼斧神工之技的钟架匠梓庆、画如规尺一样精确的徒手画家倕、《田子方》中伯昏无人（人名—译者注）对列御寇（人名—译者注）射箭技术的考验。

庄子弟子保留了这些相关的故事，以驳斥真人是通过修身、修行或拥有熟练技能而来的。

关令尹喜

我们不确定这个人物的出生地和出生时间。在《庄子》《天下》中，尹喜与老子一同以古代真人的形象出现。在《庄子》之后，有传闻称，老子离开中原的时候，正是尹喜请求老子传授学说，于是老子便传授了《道德经》。

未分类篇

《说剑》和《渔父》未进行分类。刘笑敢认为，《说剑》显然不涉及任何道学主题，应不予理会。葛瑞汉认为，这两篇是约公元前200年的杨朱"个人主义"学派的文本合集（Roth 1991：80-82）。最有可能的原因似乎是由于《说剑》没有郭象的注疏，且与庄子的学说几乎毫无关系，所以不应该把它与其他章节归为一类。《渔父》的标题中虽然将庄子称作"老渔夫"，增添了吸引力，但实际上只不过是系统阐释了儒家思想的谬误以及在什么情况下去教训孔子。作者让老渔夫告诉孔子要避免"八疵"和"四患"。这种思想归类方法可能表明这种做法已经是穷途末路，不会带来在本书其他地方尚未提出的见解。

《天下篇》

《庄子》结尾的《天下》是对秦汉过渡时期中国哲学领域的概述。它包含了对大多数中国古代哲学的主要思想家的描述，包括庄子和"道术"，它很可能是庄子的后学所作。由于第三十三篇可能是最后才补充进去的内容，刘笑敢借此分析帮助我们确定了《庄子》的编纂日期。他表示，在公元前241年之前，《吕氏春秋》和《韩非子》至少引用了《庄子》中14个不同篇章的30段文字。这些段落的总长度约占目前《庄子》33篇的42%。因此，在公元前241年《吕氏春秋》完成之前，《庄子》不可能还没有编撰完成并广为流传。

第四章
道家大师

《道德经》和《庄子》中的道家宗师

　　根据《道德经》和《庄子》各章节的内容，我们能了解多少公元前四世纪及之前道家大师的生活和经历？道家主要思想的开创大师又是谁呢？

　　进入一个道家门派就好似进入一个新家庭。在《庄子》中，女性大师女偊的话表明道门宗派的传承源远流长。南伯子葵见女偊年事已高，却是一副少女的模样，便问她这种驻颜不老的能力是从哪里学到的。她在回答时用道家名字来称呼她的老师："闻诸副墨之子，副墨之子闻诸洛诵之孙，洛诵之孙闻之瞻明，瞻明闻之聂许，聂许闻之需役，需役闻之于讴，于讴闻之玄冥，玄冥闻之参寥，参寥闻之疑始"（《庄子·内篇·大宗师》）。宗派传承也是相互交织的。庚桑楚毫不犹豫地将弟子南荣趎送到老子那里寻求点化（《庄子·杂篇·庚桑楚》）。我们也知道，道家大师相互切磋、交流对比，最后往往都结为朋友，如子祀、子舆、子犁、子来，或子桑户、孟子反、子琴张（《庄子·内篇·大宗师》）。

先秦道家大师的世界观

　　撰写《道德经》和《庄子》时，道家大师没有区分我们所说的宗教（道教）和我们所知的哲学（道家）。对他们来说，这两个概念都没有多大意义。他们认为世界是一个统一的整体，并不是由自然和超自然或物质和精神两个部分组成的。他们意识到了自己感官认识的局限性，并试图突破它的桎梏。先秦时期的大师认为，一个人当前的五行形态可能表现为肉体凡身，但这种形态是可以改变和控制的，可以完全转化为其他表现形式。

这种认知背后的世界观与邹衍在稷下学宫做事有关。邹衍是这种世界观的最早建构者，他认为世界是由气、阴阳的相互力量以及解释事物进出我们感官范围的五相组成。天地万物都穿梭在无穷无尽、无处不在的气中，事物的形态并非静止不变，而是处于不断运动之中。这种世界观是几乎所有中国古代宇宙学说的基本假设，因此，说它独具道家特色是有待商榷的，不过，许多考古发现证实了这一说法。

这一时期物质文化考古发现证实了这种猜测，即在《道德经》和《庄子》成书之时，这种世界观就已经稳固形成了。1998年，考古学家在河南濮阳发掘了新石器时代墓葬中一枚刻有龙虎的贝雕。龙虎符号是阴阳的隐喻形象，而在后来的道家历史中则表示铅和水银。这些是炼金术中最常见的化学物质，道家大师用它们来抗老延寿，增强体魄（Sun and Kistermaker 1997：116）。同样，1978年，在湖北随县出土的战国时期（公元前474-221年）的曾侯乙墓中有一个漆箱，上面绘有北斗七星（也称为北斗或北极星）的彩绘图案，图案周围是二十八星宿，两侧是龙虎符号，这表明《庄子》中提到的神（如北斗七星）会影响宇宙进程（Little 2004：710-711）。此物件现藏在位于武汉市的湖北省博物馆。

阴阳五行学说是《庄子》许多思想的理论基础之一。《内篇》《大宗师》中有一段文字清晰描述了现实中体现这一学说的故事：

> 子祀、子舆、子犁、子来四人相与语曰……四人相视

而笑，莫逆于心，遂相与为友。

　　俄而子来有病，喘喘然将死。其妻子环而泣之。子犁往问之，曰："叱！避！无怛化（不要惊动他由生而死的变化—译者注）！"倚其户与之语曰："伟哉造化！又将奚以汝为？将奚以汝适？以汝为鼠肝乎？以汝为虫臂乎？"

　　子来曰："父母于子，东西南北，唯命之从。阴阳于人，不翅于父母。彼近吾死而我不听，我则悍矣（蛮横—译者注），彼何罪焉？夫大块（大自然—译者注）载我以形，劳我以生，佚我以老，息我以死。故善吾生者，乃所以善吾死也。今大冶铸金，金踊跃曰：'我且必为镆铘！'大冶必以为不祥之金。今一犯人之形而曰：'人耳！人耳！'夫造化者必以为不祥之人。今一以天地为大炉，以造化为大冶，恶乎往而不可哉！"成然寐，蘧然觉（不觉酣然地睡去，又自在地醒过来—译者注）。

所有的大师是否都相信有一位造物主掌控着事物的变化过程，就如同一个老铁匠掌管着一个巨大的熔炉一样，我们还不能完全确定。然而，这并不是他们回避的问题。在《庄子》的黄老部分中，《天运》开始便讲述了值得21世纪哲学家关注的一系列问题：

　　天其运乎？地其处乎？日月其争于所乎？孰主张是？孰维纲是？孰居无事推而行是？意者其有机缄而不得已乎？意者其运转而不能自止邪？云者为雨乎？雨者为云乎？孰隆施是？孰居无事淫乐而劝是？风起北方，一西一东，有上仿徨。孰嘘吸是？孰居无事而披拂是？敢问何故？

　　（天是自然运转吗？地是宁静定处吗？日月往复地出没，是在争夺处所吗？谁在主宰这个运行？谁维系着这种现象？谁或因闲暇无事推动形成这一切？莫非有机关控制，使这一切难以停止？还是其自行运转，不能自行停下来？
云是为了降雨吗？雨要转变为云吗？谁在兴云施雨呢？谁
或因无所事事，仅仅为寻求欢乐，而促成了这种现象？风
从北方兴起，一时西来一时东，来回在空中游动，谁在吐
气和吸气，造成云彩的飘动？谁或因闲居无事，煽动造成
这种现象？请问是什么缘故？"—译者注）

应该以五行作为知识背景来理解上述问题。在五行学说中，世
间所有形态都在变化，总是转化为其他事物。人既可以变为鬼，也
可以成为神，万事万物都在巨大的熔炉中相互作用。弟子也有可能
会蜕变成真人或神。适应和控制这个转变的过程是长寿和修"德"
的关键。

先秦道家大师的养生之道

先秦大师修炼延年益寿之术，或称"养生"。事实上，这个词被
用作《庄子》第三篇的标题。人们认为，懂得养生之道的人，如女
偊，会长生不老，有时还会永生不死（即得道成仙）。《庄子》开篇
就描述成仙之人：

> 藐姑射之山，有神人居焉。肌肤若冰雪，绰约若处子；
> 不食五谷，吸风饮露；乘云气，御飞龙，而游乎四海之
> 外；其神凝，使物不疵疠（不受灾害—译者注）而年谷熟。
> （《庄子·内篇·逍遥游》）

《庄子》第二篇对真人有更细致的描述：

> 至人神矣！大泽焚而不能热，河汉冱（河流都冻成冰
> 了—译者注）而不能寒，疾雷破山、飘风振海而不能惊。
> 若然者，乘云气，骑日月，而游乎四海之外，死生无变于

己，而况利害之端乎！（《庄子·内篇·齐物论》）

"长寿"和"长生"的相关术语在周朝青铜铭文中首次发现，早于《道德经》或《庄子》成书之时。记载长寿活动的文献可以追溯到公元前五世纪（Yu 1964：87）。长寿之道包括食用草药和进行饮食管理，避免食用五谷（即大米、两种小米、高粱和小麦）。这些健康长寿之道也是长生不老的基本依据。东周时期，长生不老被认为是不死。那时不仅有治病防病的草药和药剂，大师们还发现并研发了"仙药"（Engelhardt 2004）。这种药物可以在偏远的山区找到。它们由具有一定炼金术知识的道家方士烹制，有时装在袋子或葫芦中携带。不同派系的大师们研发了不同的药方，将药物制成可饮用的药剂、可撒在食物上或倒在茶或汤中的药粉，以及捣碎挤压做成药丸。最早有助于长寿和长生的炼金药剂与统治者招纳的世系大师有关，可追溯到公元前四世纪（DeWoskin 1981：166）。

大师的养生和长寿之术还包括通过"吐故纳新"导气和名为"导引"的体操动作。这些锻炼方法似乎与《庄子》所说的熊经鸟申有关（《刻意》），今天称之为气功。《庄子》中提到的锻炼方法是为了促进气循环，以达到养生和增强体力的目的，其最初似乎是通过模仿动物的行为和动作而形成的。动物是无为的绝佳例子。它们自然地循道而行，从而表达了适合它们"本性"的德。

掌控自我变化然后成仙是大师及其弟子的追求。成仙不仅仅意味着身体的长寿，还意味着真人身上力量和体悟的转化（Engelhardt 2004：75）。《庄子》有两个例子：孔子走近老子时，发现他像槁木一样一动不动（《田子方》）；黄帝演奏礼乐时北门成的感受（《天运》）。在这两个例子中，老子和北门成都集中了他们的气，最后收获了大德。他们能够做到、看到和听到常人触及不到的事物。

如此来看，道家以世人为己任的理想就与儒教、佛教、基督教等传统宗教的理想大相径庭。真人不会像佛教那样清心寡欲、摆脱磨难，也不会像基督教那样向他们错怪和冒犯的上帝乞求宽恕。他们努力追求的不止是与改变身心、控制五行的能力的和谐统一。在《庄子》中，壶子为了拆穿季咸，多次改变自己的症状（《应帝王》）。

我们该如何学会真人和仙人的真谛呢？当我们知道真人具有抵抗寒冷等逆境的非凡能力，还能够改变自己形态时，就明白这种人似乎具有超凡能力，但是他们非常关心如何证实这种能力。随着道家的发展，许多修道之人都信以为真了。我们将要看到，真人传记集到了汉代已经完成，讲述了他们取得的显著成就。然而，书中对真人的描述还有另一种隐喻式解读。他们因为平等对待万事万物、忘记功名利禄、跟随道的变化，所以不受大火、洪水、寒冷、饥饿等的影响。在这些情况下，真人的不同寻常之处在于他们净化了思想，控制了气，而不是表现出超常的能力。

道家大师的仙山洞府

道家名山

所有主要的道家宗派都与圣山有联系。很早以前，大师就走进大山，与道交流，修炼道术。大山是宇宙之气特别稀薄的地方。在《庄子》中，我们可以看到大师与大山有密切的联系。四位大师住在姑射山（《逍遥游》），肩吾在泰山"得道"（《大宗师》），无名人住在殷山（《应帝王》），据说黄帝在崆峒山向广城子求道（《在宥》），在具茨山拜访大隗（《徐无鬼》），庄子归隐山林（《山木》）。庚桑楚住在畏垒山（《庚桑楚》），徐无鬼隐居山林（《徐无鬼》），南伯子綦住山洞（《徐无鬼》），善卷拒绝管理国家，选择居住深山（《让王》）。在后来的道教历史中，道教新派的创立者也往往与大山密切相关。天师道的创派人张道陵曾在鹤鸣的山径上遇到了道化神灵。大师寇谦之在河南嵩山经历了精神洗礼。葛洪在罗浮山写出了最伟大的作品。一群大师在长安（今西安）西南的终南山楼观台里扎堆布道，全真派祖师王重阳称他在这里遇到了神仙吕洞宾。上清派主要集中在今江苏南京东南的茅山。

道教五岳

自战国时期以来，道教五岳的形象常被雕刻在装饰华丽、镶嵌精美的博山炉上。早在战国时期，道教五岳就确定为东岳泰山（山东省）、北岳恒山（山西省）、西岳华山（陕西省）、南岳衡山（湖南省）和中岳嵩山（河南省）（Little 2000：148）。1968年，在河北省满城皇子刘胜（公元前113年）的墓中出土了许多精美的炉器。炉器上雕刻有镶金的漩涡纹路包围的山，象征着气的能量。此文物现藏于位于石家庄的河北省博物馆（Little 2004：713）。

道家大师在山上圣人显灵的地方建造祭坛。他们"察"地文，使用开始称为"图宅术"后来称为"风水"的学问来选择合适的地方搭棚舍、挖洞穴、建炉台炼长生不老药。后来在道教的发展过程中，道教宗门弟子及大师都捍卫真正的圣山图。同样，后来的道家典籍记载了早期大师的活动，并有关于祭坛选址以及"开山"或"山法"的具体说明。祭坛选址通常与星宿有关，从而能够积聚神圣的能量。大师建造祭坛，举行献祭仪式，祭祀地点就成了"天堂之门"，成为汇聚神圣能量之地。随后，当大师关上大门时，献祭之地和祭坛本身在常人看来就并没有特殊之处了。早在商代，这些祭坛就出现在青铜器的铭文上了（Hahn 2004：685）。

道家洞穴栖身地

山洞是求道者远离乡野和城邑，栖身、造饭、打坐的地方，被称为"地肺"。由于后人认为山洞能够积聚蕴含万物生存和成形的能量的气，故也称其为"精气"充盈之地。大师和弟子们经常翻山越岭，钻进只能通过绳索和石梯才能进入的山洞。当有人接近这些山洞时，就会注意到大师做的标记，这些标记旨在保护此地，并警告他人不要靠近此地积聚的气。

在道家观念中，洞为阴，山为阳。山洞是一个实体地点，但也是消除内外之分的喻体。就像阴阳一样，内外不是对立的；而是相互关联的。从另一个角度来看，山洞好像人的胎腹，没有窗户，完全封闭，是一个独立的庇护所。这就是为什么山洞被称为"洞天"的原因。《道德经》委婉地问弟子能否"像婴儿一样"，这可能是将洞穴类比作人的胎腹。在山洞里，求道者可能会进入恍惚的状态，得到新生，忘掉了功名和成见。在山洞里，求道者打坐、入梦、想象神灵现身、炼丹、做法事。他们变得像小孩子一样，轻盈、自然地行走，能够在"与道合一"的"无为"中与"德"同行。《庄子》中，越国王子搜逃到道家大师曾居住的朱砂洞（《让王》）；南伯子綦之所以住在山洞里，是因为这样做有助于精神的升华和虚静（《徐无鬼》）。

民众和想成为道徒的人前往大师居住的山洞，治疗伤痛，强壮体力，延年增寿。在公元五世纪末期的道教著作中，道教山洞归为十大洞天和三十六小洞天（Verellen 1995：278）。在唐代（公元618—907年），许多新的道观建在山洞遗址上。此外，在现存的100部中国东南部地理和风俗的地方志中，有90部列出了具有道教名称的山洞，这表明这些山洞是道教圣地（Hahn 2004：695）。

道家大师的医术

真人具有改变形态的能力，其中包括医术。他们不仅医治自己，还医治他人。这一时期的这种做法与之后一样，都是道家怜悯的体现。正如我们在前面所看到的，人们相信姑射山的一位真人可以通过积聚他的气来保护生命免受疾病和瘟疫的侵害，并确保连年丰收（《逍遥游》）。道家大师的医术不依靠西方的解剖学，而是利用身体的气，以及身体是如何在不断变化的五行组合中成为现实过程的缩影。大师用草药和丹药治病，所以有很多平民和君主一生病就向大师求医的例子。目前已知最早的草药疗法、气疗和炼丹在公元前四世纪都是用于医治君主。公元前133年左右，这些治疗方法再次出现，当时李少君建议汉武帝摄入用朱砂制成的灵丹妙药来治病，并变得长生不老（Pregadio 2004：166）。早期的大师们没有明确地区分草药学和炼丹术，也没有完全弄清楚身体健康和长生不老的先决条件。

　　然而，人们认为，有一些疾病并不是草药和丹药能够根治的，而是需要道家大师增强法力，比如《庄子》中齐桓公在山间沼泽附近打猎时遇到鬼的故事。齐桓公见到鬼后，吓得病倒了，语无伦次。皇子告敖大师应召前来救治。齐桓公问鬼是否真的存在，皇子告敖答道：

　　　　“有。沈有履，灶有髻。户内之烦壤，雷霆处之；东北方之下者，倍阿鲑蠪跃之；西北方之下者，则泆阳处之。水有罔象，丘有峷，山有夔，野有彷徨，泽有委蛇。”公曰：“请问委蛇之伏状何如？”皇子曰：“委蛇，其大如毂，其长如辕，紫衣而朱冠。其为物也恶，闻雷车之声，则捧其首而立。见之者殆乎霸。”

　　　　桓公辴然而笑曰：“此寡人之所见者也。”于是正衣冠与之坐，不终日而不知病之去也。（《庄子·外篇·达生》）

　　　　（“有。污水聚积处有履鬼，灶有带髻的灶神，户内扰攘处，雷霆之鬼住在那里；住宅东北面墙下，有倍阿、鲑鬼在那里跳跃；西北面墙下，则有泆阳鬼停留。水中之鬼叫罔象，土丘之鬼叫峷，山中之鬼叫夔，旷野之鬼叫彷徨，沼泽之鬼叫委蛇。”桓公说：“请问委蛇的样子如何？”皇先生回答说:"委蛇有车轮一般粗细,有车辕一般长短,身体紫色头是红色。这种怪物形象丑陋,听到战车轰鸣就捧着头立在那里。见到这种怪物的人差不多可以做霸主了。"桓公欢颜而笑说:"这就是寡人所见到的鬼。"于是整理一下衣冠坐起来和皇子谈话,不满一天工夫,病就不知不觉消失了。—译者注)

《庄子》收录这个故事很可能是为了讽刺鬼能治病的说法,但它说明人们普遍相信道家大师的能力。《山海经》也记载有这种情况。《山海经》形成于《庄子》之前,是一部关于植物、动物、山林和岩层的百科全书,也包含许多在到处是深山老林和偏僻溪流的怪异世界中的神秘力量和生命的故事。然而,在一个万物受五行支配的时代,人们普遍认为生命和现象的不寻常情况无处不在,而且这些妖怪常藏于深山老林之中。它们通常被认为是自然、人类和动物的奇异组合,因为它们的五行被气及其阴阳扰乱了。例如,传闻山妖有九尾狐、人头蛇以及长满树枝的人身树妖。这些妖怪通常盘踞在某个特定的地方,君主、地主和平民等都请道师来帮助辨识它们,用符咒法术捆绑它们,并为他们冒险进入这些地方提供护身符(von Glahn 2004: 82–89)。在《庄子》中,齐桓公不想让皇子告敖辨识出自己在沼泽中看到的鬼就作罢,而是希望他能抓住那个鬼,从而助他恢复健康。

《诘》

齐桓公并不要求皇子告敖用法术抓住他所见的山沼之鬼,而是要他提供解决这种问题的法术,这也是《诘》这本书的内容。它记录在45张竹简上,内容关乎鬼神,与五行学说密切相关。1975—1976年,湖北省睡虎地11号墓出土时,它才被发现。墓主人的入土日期为公元前217年,那么墓中陪葬的这本书的时间肯定要更早。

道家大师的精神体验

意识状态的改变能产生神秘的知识和力量。严格来说，早期的大师因能够获得这种知识和力量而扬名于世，但他们并不是我们所熟知的西方神秘主义者。他们意识到有些事情是不可言喻的，正如《庄子》中所言："悲夫，世人以形色名声为足以得彼之情！夫形色名声果不足以得彼之情，则知者不言，言者不知"（《天道》），因为最终它们不足以传达真理。《庄子·齐物论》中说，在这些状态下，个人的意识会进入其他状态。后来的文献记载，大师能看见神或感知它的存在。《庄子》中说，天根在蓼水岸边殷山的南边寻找道家大师时，遇到了无名人，无名人告诉他：

> 予方将与造物者为人，厌则又乘夫莽眇之鸟，以出六极之外，而游无何有之乡，以处圹埌之野……汝游心于淡，合气于漠，顺物自然……（《庄子·内篇·应帝王》）

> （我正打算跟造物者结伴而游，现感到疲倦，欲乘坐那状如飞鸟的清虚之气，飞越时空六合，前往什么也不存在的地方，独处于旷达无垠的环境……你当心平气和，安于平淡，顺其自然……——译者注）

大师们讲这些亲身经历的故事不仅仅是一种叙事策略，这些也是他们与神灵交流的经历，交流之后马上意识到在现实中大师要以德来修炼。

大师是在一种宁静和虚淡的状态下获得这种意识的，不掺杂任何语言、道理、思想和推断。试看下面《庄子》中一个例子：

> 孔子见老聃，老聃新沐，方将被发而干，蛰然似非人。孔子便而待之。少焉见，曰："丘也眩与？其信然与？向者先生形体掘若槁木，似遗物离人而立于独也。"（是我眼花呢？还是真的呢？刚才先生身体独立不动像槁木，像

遗弃万物离开众人而独立自存的样子。—译者注）老聃曰：
"吾游心于物之初。"孔子曰："何谓邪？"……"夫天下也
者，万物之所一也。得其所一而同焉，则四支百体将为尘
垢，而死生终始将为昼夜，而莫之能滑（不能混乱—译者
注）……"（《庄子·外篇·田子方》）

道家大师的仪式

老子的传说很多，他是我们已经介绍过的大师之一。最早关于
老子的故事是孔子在葬礼上向他求教。

孔子拜访老子

有许多描绘孔子拜访老子的精美绘画等艺术作品。其
中一件是山东省嘉祥县武梁祠的东汉石刻墨拓，现收藏于
美国芝加哥菲尔德博物馆。

我们应该弄清楚葬礼仪式有哪些。葬礼仪式不需要在坟前摆花
或歌颂死者，它涵盖许多重要的内容，比如，为了保护家人和村民
免受鬼魂回来侵扰，人们要向神灵祈符和念咒以防止死者闯入现实
生活。如果我们认为孔子肯定不会对这种仪式感兴趣，那么我们最
好知道孔子参加宗教祭祀仪式确有其事。最有趣的一个例子是《论
语·乡党篇》所述，在年末举行迎神驱鬼的"傩戏"时，村民会穿
着朝服立于东首。《论语》中提到的可能是新年全民参与的"傩戏"，
这种仪式在《周礼》中有记载，目的是驱除恶魔和上一年的晦气。

《庄子》对老子的记载说明除了孔子以外他还有其他弟子，似乎
他也向他们传授了礼法。《庄子·杂篇·庚桑楚》中庚桑楚就是老
子弟子之一。他利用从老子那里学到的知识在另一座山上开始给自
己的弟子传道。事实上，他的目的和老子一样，就是点化弟子。三
年间，庚桑楚为畏垒山做出了巨大贡献，山上的村民为他建立宗庙，

设立神位，并以土壤和谷物供奉。显然，在读者看来，为死者的鬼魂举行仪式和祷告是老子的弟子可能做的事情。当然，在《庄子》中，庚桑楚对村民强加给他这个身份的想法感到不悦。然而，这不是因为人们要供奉他，而是认为他在当地来说最配得上，所以给他一份荣誉和称赞，而老子教导他，真正的圣人应该隐于世间，永远不要成为名欲的奴隶。

人们相信道家大师能够通过举行仪式将道和神灵灌输到自己和他人的意识中。《庄子》的黄老部分讲述了一个关于黄帝演奏礼乐的迷人故事。当他演奏此曲时，阴阳交和，"鬼神守其幽，日月星辰行其纪"（《庄子·天运》）。人们认为黄帝所做的事就是大师应该做的事。事实上，真实大师的活动可能是黄帝演奏方法的范式。黄帝的礼乐能让演奏大师和听者获得了精神洗礼。北门成说他有过这样的精神体验：

> 北门成问于黄帝曰："帝张咸池之乐于洞庭之野，吾始闻之惧，复闻之怠，卒闻之而惑，荡荡默默，乃不自得。"
>
> 帝曰："汝殆其然哉！吾奏之以人，徵之以天，行之以礼义，建之以大清。……一清一浊，阴阳调和，流光其声。蛰虫始作，吾惊之以雷霆。其卒无尾，其始无首。一死一生，一偾一起，所常无穷，而一不可待。汝故惧也。
>
> ……傥然立于四虚之道，……行流散徙，不主常声。……无言而心说。故有焱氏为之颂曰：'听之不闻其声，视之不见其形，充满天地，苞裹六极。'……（《庄子·外篇·天运》）
>
> （北门成向黄帝问道："你在广漠的原野上演奏咸池乐曲，我起初听起来感到惊惧，再听下去就逐步松缓下来，听到最后却又感到迷惑不解，神情恍惚，无知无识，竟而不知所措。"
>
> 黄帝说："你恐怕会有那样的感觉吧！我因循人情来演

奏乐曲，取法自然的规律，用礼义加以推进，用天道来确立。……忽而清新忽而浊重，阴阳相互调配交和，流布光辉和与之相应的声响；犹如解除冬眠的虫豸开始活动，我用雷霆使它们惊起。乐声的终结寻不到结尾，乐声的开始寻不到起头；一会儿消逝一会儿兴起，一会儿偃息一会儿亢进；变化的方式无穷无尽，全不可以有所期待。因此你会感到惊恐不安。

……只得无心地伫立在通达四方而无涯际的衢道上，……演进流播飘散游徙，绝不固守一调。……犹如没有说话却心里喜悦。所以有焱氏为它颂扬说："用耳听听不到声音，用眼看看不见形迹，充满于大地，包容了六方。"—译者注）

黄帝演奏礼乐的地点是湖边。在此奏乐，北门成听后产生一种精神上的意识状态，很像《道德经》第二十一章所记载的内容："听之不闻其声，视之不见其形。"

七星步和禹步

七星步是一种道家的仪式舞蹈，起源于先秦，采用《日书》中提到的禹步风格进行。《日书》是1975年在湖北睡虎地出土的竹简文，可追溯到公元前217年。《五十二病方》是马王堆发现的最大的医学文献，可追溯到公元前164年，其中也谈到了禹步。在舞蹈中，大师走向最接近太一的神灵，这种神灵表现为北斗七星（参见《道德经》第四十二章）。因此，禹步与所谓的"七星步"或"罡步"密切相关。"罡"字原指北斗斗柄末端的星，"斗"字指北斗本身。这些舞蹈的基本功能象征大师的转变和功力，这是由通往宇宙力量之源——太一的精神之旅所造成的。

道家大师的占卜术

占卜通常与算命有关，是通过对预兆、梦境、面相等解释来获得信息、见解或现象的隐含意义。在中国古代，占卜与道家没有直接联系（Sakade 2004：541）。

然而，《庄子》中有的地方可能提到利用蓍草（《田子方》）和龟甲兽骨来卜卦（《外物》）。《庄子》的各章节中也有一些通过梦境获得新知的例子（《齐物论》《人间世》《天运》《至乐》《达生》《田子方》《外物》）。人们没有排斥关于两个相术的记载（《应帝王》《徐无鬼》）。书中有的地方建议利用星星来窥视天机，因为它们有一定规律，例如北斗神控制七轸的方式（《大宗师》《天道》）。《庄子》提到了挑选良辰吉日的方法（《德充符》），这可能显示出道家大师对遁甲持包容态度，甚至还应用遁甲之术。毫无疑问，占卜选址在山上，尤其是通过堪舆家（后来被称为风水师）的作法来挖掘山洞。

早在周朝时就开始使用蓍草占卜，逐渐取代了更古老的甲骨占卜（Smith 1991：19-22），甲骨占卜在汉代消亡了。在蓍草占卜中，将50株茎杆撒在地上，分成几堆，以四株为一组进行计数，产生阴数（偶数）或阳数（奇数）。因此，每撒一次都会形成一条阴线或阳线，直到确定六条线为止。蓍草占卜的结果对应于《易经》的六十四卦之一。每卦是两个三爻的组合，爻是横线的符号排列，揭示了宇宙的阴阳之力的外在表现，人们认为卦是中国神话中的三位创始人之一（伏羲—译者注）发现的。《易经》在原来八卦之上增加了这些爻，八卦是八角形的形状，每边一个卦，被称为八卦。卦一旦确定，就可以参照《易经》做出决定。在道家漫长的历史中，这些历法、相术、堪舆、卜卦和北斗占星术成为道家法术的一部分。Marc Kalinowski（1990）表示，道家经典中有40篇文章与占卜术有关。

我们的研究可以展现出创作《道德经》和《庄子》的大师们的

形象。他们不仅生活在山里，而且还会改变外貌，表现出神灵一般的行为。他们改变了饮食习惯，修炼了聚气的呼吸和运动方法。他们会医术，懂得与神灵沟通和保护人们免受疾病和饥饿的仪式。他们能够进入某种异样的意识状态并接受道的"德"（见《道德经》第十四、二十九章）。当我们把这些形象与这些能力结合起来时，我们就可以相当全面地了解创作了道家经典的各类大师。有了对他们的这种认识，我们完全相信他们不仅仅是独立的哲学家或政府的下层官员。我们如果要在大致相同的时期找出可与他们媲美的西方学者，就不会选择苏格拉底、柏拉图和亚里士多德，而是巴门尼德和恩培多克勒。

第五章
秦汉时期道家的发展

黄老派

从稷下学宫到创建淮南书院期间，《庄子》中有关黄老章节所说的黄帝出现在许多文献中，包括：

1.《黄帝长柳占梦》，现已失传。

2.《黄帝内经》，其五行学说能与医术相结合。

3.《神农黄帝食禁》，能识别有益的食物，指出必须放弃饮食中不利于长生和成仙的食物。

4.《黄帝三王养阳方》，以性控制气和调和阴阳之法。

5.《黄帝杂子芝菌》，一部关于草药及其用途的著作。

6.《黄帝金匮玉衡经》，关于与掌管长生和死亡的神职人员对话的方法，襄助我们驱邪避厄，生活更加美好。

马王堆黄帝医稿的意义

我们在前面讨论《道德经》时提到过，1973年湖南长沙马王堆墓的3号墓中发现了15份丝绸和竹简医稿。虽然此墓的历史可以追溯到公元前168年，但这些医稿却写于稷下学宫和淮南书院形成之间，它们建立在医学理论和实践之上，融入了气、阴阳平衡和五行等理论，这些理论的基本概念在《庄子》中已经介绍过。这些医稿不应被简单地视为医学文章。从黄老派的观点看，它们具有深奥的精神和转化方法，根植于气的学说以及气对再生和激发个人存在意识的影响。

养生食谱是这些医稿的核心内容。这些著作对《庄子》中一些章节的名称等提供了很好的文字解释。这些医稿指出，身体的功能需要调节，有序运行，确保长寿和有利于健康的阴阳平衡。此外，身体内部的健康和平衡会带来道德生活的自然和轻松。

马王堆手稿《却谷食气》描述了如何利用药材代替五谷来进行辟谷或却谷，并通过特殊的呼吸和锻炼方法来增强气。我们在《庄子》中看到，真人的产生与不食五谷和练气有关。因此，本书是对《庄子》的发展而不是与他分道扬镳。

在这些医稿中，不食谷物、练习呼吸和锻炼身体被称为"行气"，即在体内以"小周天"（气在体内沿任、督二脉循环一周—译者注）的方式循环气。医稿指出，身体是流动的气的网络。事实上，在这15份医稿中有5份勾勒出了人体的气管或筋膜系统。

马王堆医典的气经网络在《黄帝内经》第65页中有详细阐述。阴经在身体内部，就在皮肤下面，而阳经在身体外部，贴着皮肤表面蜿蜒曲折。每条经脉都有多个经皮肤进入的能量聚集中心（"洞"），每个中心的功能有明确的界定。

这些中心现在被称为穴位（孔穴，气穴）。我们相信，这一时期的大师使用了针、按摩或手掌与手指简单按压来促进气流过这些穴位。

在马王堆发现的《导引图》有彩色插图，他们正在进行前面提到的导气，后来被称为气功。《导引图》及其插图都与《庄子》有联系，因为作者在这些练习中使用了一些与《庄子》相同的名称："熊经"和"鸟申"（《庄子·外篇·

刻意》)。

马王堆医稿还介绍了一种长寿之法：服用符水。这种方法在《五十二病方》中有所描述。

注：马王堆医稿没有标题，作者参考了唐纳德·哈珀（1999）的马王堆汉墓丝绸文献，增添了目录标题。

黄帝写的章节之所以受到重视，不仅是因为它与黄帝有关，还因为它拥有护身作用。邵颖讲述了念诵这些章节可以免灾驱病的故事。他说汉武帝派巫师诅咒董仲舒（公元前179—公元前104年），但董仲舒通过念诵黄老经文逃过一劫，巫师反而因此丢了性命。

淮南书院与《淮南子》

据《汉书》记载，公元前160年至公元前120年间，汉武帝的叔叔淮南（今安徽）王子召集了数千名方士等前往淮南，因为他想学习诸子思想学说，并支持他们围绕这些思想学说进行新的创作。《汉书》是其中一部著作，现已失传，讲述的是利用炼金术（黄白）成为神仙（Csikszentmihalyi 2004：56）。但《淮南子》（又名《淮南鸿烈》）可以说是淮南诸子最重要的著作，相传它是由"淮南八公"编写的。

淮南八公

晋昌

雷被

李尚

毛被

苏飞

田由

伍被

左吴

公元前139年，刘安觐见汉武帝时将《淮南子》进献给他。刘安想改变国家的政治状况和国君的为政之道，使国家变得更像在《庄子》中黄老所描绘的那样。他这样做是因为当时的政治局势正迅速向立儒为君道的方向发展（Vankeerberghen 2001：12）。

《淮南子》在很大程度上是一部关于统治的政论文，其政治目标是通过一套二十一卷的"训"来实现，内容涵盖宇宙学、天文学、内气修炼、精神转变。虽然它是面向皇室而非民众写的，但它与《道德经》和《庄子》中的许多内容（尤其是黄老部分）有很多共同之处。这本书将黄老学说扩大到新的领域，将许多属于道家的、未公开的或隐藏在《道德经》和《庄子》中的思想呈现在我们面前。

《淮南子》中的养生之道

《淮南子》介绍《庄子》中养生之道的一个方法是，它描述了辟谷服气。辟谷服气可以滋养生命、延年益寿和得道成仙。《庄子》内篇中说真人有德，因为他不食五谷，知道如何控制自己的气。《淮南子》详述了可用来改变人的方式，文中说："食谷者知慧而夭，不食者不死而神"（《淮南子·地形训》）。《淮南子》最重要的贡献之一是将道德行为和身体健康整合到一个完整的健康体系中，指出行为会影响气，从而将身体、精神和道德整合为一体：

夫喜怒者，道之邪也；
忧悲者，德之失也；
好憎者，心之过也；
嗜欲者，性之累也。
人大怒破阴，大喜坠阳；
薄气发瘖，惊怖为狂；
忧悲多恚，病乃成积；
好憎繁多，祸乃相随。

……

今人之所以眸然能视，替然能听，形体能抗，而百节
可屈伸，察能分白黑、视丑美，而知能别同异、明是非者，
何也？气为之充而神为之使也。（《淮南子·原道训》）

从以上可以看出，《淮南子》显然是在说明雄厚的气与人的情绪
甚至道德素质（如愤怒）之间的相关性。焦虑和悲伤的情绪是因德
的不足引起的。如果我们知道了这些教义的内涵，就可能会得出这
样的结论：黄老大师认为，追求情绪健康和道德健康的生活方法之
一就是强气。

《淮南子》中的真人

《淮南子》也描写了本书第四章末的先秦大师的形象。对于真
人，《淮南子》道：

所谓真人者，性合于道也。

故有而若无，实而若虚；

处其一不知其二，

治其内不识其外；

明白太素，无为复朴（洁明纯素，无为而归返朴质。

—译者注）；

……

是故死生亦大矣，而不为变，

……

心若死灰……

廓惝而虚，清靖而无思虑，

大泽焚而不能热，

河汉涸而不能寒也，

大雷毁山而不能惊也，

大风晦日而不能伤也。

是故视珍宝珠玉犹石砾也，

……

同精于太清之本，而游于忽区之旁。

……

出入无间，役使鬼神；

……

此精神之所以能登假于道也，是故真人之所游。（《淮南子·精神训》）

以上描述告诉我们，《淮南子》中的真人拥有道，并在无为中生活。有了道，没有什么能伤害他们。这些内容之前在《道德经》和《庄子》（《逍遥游》《齐物论》《德充符》《天地》）中也有所体现。同样，真人把生死看成一次性、无间断的转化，万物平等，《庄子》突出强调了这一点。

《淮南子》论治国

《庄子》的黄老治国之道，强调无为、不干涉等原则，但没有主张真人应完全远离统治。《淮南子》秉持同样的理念。诚然，在这两本书中，尧、舜、禹甚至孔子等圣贤建立秩序和制度的文化创造行为都是与无为、与道同行的理念有关。事实上，升官发财，不论是以无为的方式取得的，还是无为行为的结果，都不会受到谴责。对此，《淮南子》说：

何谓无为？智者不以位为事，勇者不以位为景，仁者不以位为患，可谓无为矣。（《淮南子·诠言训》）

正如我们所见，《淮南子》并没有像《道德经》《庄子·内篇》《庄子·道德篇》和《庄子·弟子篇》中那样反对儒家的"仁"。它赞同"仁"的思想，但不赞成为仁的目的是向世人展示一个人有多么仁慈。《淮南子》致力于纠正孔子弟子以错误的方式宣传"仁"的思想。这或许正是我们对儒家影响上升时期所编纂的著作的期待，它也努力在循道方面传达真理。

《淮南子》论人性与德

《淮南子》还深化了"性命"的概念，而这种概念在《庄子·道德篇》中发挥了重要作用。《淮南子》同《庄子》的某些内容一样，告诉读者万物有其本性。就人类而言，我们的本性就像一颗启明星。就个人而言，我们出生在那颗星下。每个人都有自己的本命星。但更重要的是，世界有"北斗"或"北极星"，它是在众多混沌之力中引导宇宙天体力量的象征，而混沌之力会使人和物远离道（《淮南子·齐俗训》）。人不同于其他事物。世间万物皆依其本性而行，而人却可以违背本性而作决定，以杂乱的情绪和烦恼扰乱自己的生命，做出不道德的行为，从而造成健康长寿所必需的气的失衡。这就是为什么《淮南子》要和《庄子·骈拇》中的道德篇强调"性命"一样，呼吁读者"返性"。这两本书都指出，成为真人意味着不偏离本性。人如果不守本性，其视觉、听觉、动作、外貌和道德洞察力都会出差错。一个人的意志离本性越远，就越难得到德，越不能与神沟通，越不可能健康长寿。相比之下，真人体内循环的是"正气"（《淮南子·诠言训》），而不是偏离本性的气。

我们应基于这样的认知去理解《淮南子》着重强调的一个观点。《淮南子》说，在道的运动中存在一种"感应"，揭示了宇宙万物都是相互联系和影响的。道德、健康、长寿、权力和成功都是相互联系的。不顺其本性，不把气释放出来，就会带来失望和灾难，也会带来疾病，早早死亡。《淮南子》说：是故凡将举事，必先平意清神；神清意平，物乃可正（《淮南子·齐俗训》）。

气正的人会随本性行无为之事，其德性也会非常明显。当这种人成为统治者时，国家将蒸蒸日上，欣欣向荣：

> 故精诚感于内，形气动于天，则景星见，黄龙下，祥凤至，醴泉出，嘉谷生，河不满溢，海不溶波。（《淮南子·泰族训》）

《淮南子》中所描述的道家大师如师旷和庶女，拥有大德，因为他们"专精厉意，委务积神，上通九天，激励至精（控制身外之物—译者注）"（《淮南子·览冥训》）。

真人的德不仅来自健康的生活和内在的专注，还来自仪式，举行仪式的方式类似于《道德经》（第五、十、十四、二十一章）和《庄子·天运》中谈到的。《淮南子》借用与《道德经》第十四章相似的话说：

> 夫鬼神视之无形，
> 听之无声，
> 然而郊天望山川，
> 祷祠而求福，
> 雩兑而请雨，
> 卜筮而决事。
>
> 《诗》云："神之格思，不可度思，矧可射思！"（神的降临不可揣测，怎可怠慢不敬呢？—译者注）（《淮南子·泰族训》）

《淮南子》认为仪式是能发挥作用的，因为真人"役使鬼神"（《淮南子·精神训》）。以传说中位列三皇的伏羲和女娲的大德为例，《淮南子》指出，他们带领众神灵登上"九天"（《淮南子·览冥训》）。

《淮南子》将这些真人甚至儒家的圣王都用作例子，因为他们从人变成了神。《淮南子·主术训》说他们为人的本质发展到了"最"，已经"至精为神"。在《淮南子》中，这意味着经过"神化"的统治者会给国家和人民带来安定和谐。

显然，真人之论、本性和德与《淮南子》为统治者（例如该书的进献对象汉武帝）所写的为政之道之间有一定的联系。这本书把神农作为理想的道家统治者的典范：

> 其民朴重端悫，不忿争而财足，不劳形而功成，因天地之资而与之和同，……故其化如神（神农养育民众，他的民众朴素稳重、正直诚实，不用互相争夺，因为财物富足，不用过分劳累身体而能大功告成。他凭借着大自然的资助，而与天地自然融会一体。—译者注）（《淮南子·主术训》）

神农是谁？

神农是中国传说中的文化英雄，据说生活在公元前2700年左右。人们习惯将他视为中国农业和医药之父。"神农"这个名字也可看做是一个称号："神人农业家"。人们把他和黄帝联系在一起，并认为他发明了气能的药理。事实上，有时他被视为医术渊博的大师，为黄帝进言；有时也被视为黄帝本人，一本书的书名模棱两可地说明他是黄帝本人：《神农黄帝食禁》。据说他汇编了最早的中国药典，记录了超过365种矿物、植物和动物等药物。他还被认为是针灸术的发明者。

《淮南子》称神农与道合一，他的个人神通是"变化若神"。在《淮南子》的政论中，神农代表一个完美统治者的形象，因为他不依靠刑罚来控制民众，而是作为一个道家大师管理和点化民众。一个统治者如果在自我精神转变中失败的话，后果极其可怕，因为另外一种行动和报应会随之而来：

逆天暴物，则日月薄蚀，五星失行，四时干乖，昼冥宵光，山崩川涸，冬雷夏霜。(《淮南子·泰族训》)

秦朝和汉初对道家思想的反应

淮南地区出现的统治方法和思想著作对国家和统治者日益推崇的中央集权制构成了威胁。这些新的"兼收并蓄"的思想受到了诟病。汉末的一些学者发现，黄老和《淮南子》强调神灵的重要性只会扰乱人心、误导民众。在《史记》中，司马迁对淮南的道家大师持怀疑态度，认为他们干涉了统治者的意愿（第十二篇）。他认为这些大师都是骗子，他们通过向统治者讲述荒谬的故事和进献毫无根据的主张来误导和控制统治者。司马迁告诉我们，秦始皇（公元前259—公元前210年在位）和汉武帝（公元前156—公元前87年在位）都痴迷于追求长生不老术。他们都曾长途跋涉到齐国（今山东和河北沿海地区）和燕国（今河北沿海和辽宁地区），寻找神仙并学习它们的秘诀。他们想找到据说有神仙居住的仙岛。秦始皇还向西去寻找昆仑山，传说神仙西王母居住于此。秦始皇听信那些教他追求长生不老的方士。

秦始皇陵

从公元前五世纪后期开始，大型墓葬取代了王公贵族竖穴式土坑墓，因为人们相信人死后会继续生活在墓葬里。这些墓葬复制了死者生前的生活，其中的规模和设施与死者在生前的地位相匹配。富有的统治者建造了雄伟的陵墓，秦始皇的陵墓无疑是最宏大的。秦始皇在长安（今西安）附近修建宏伟的亡灵城邦时，他下令设计了一支由真人大小的兵马俑组成的庞大军队作为守卫。然而，这一非凡的成就可能没有他自己那尚未被发掘的陵墓那么重要。之所以这样说，可能是因为人们从司马迁《史记》中了解了对陵墓建造的描述。

"穿三泉，下铜而致椁，宫观百官，奇器珍怪，徙臧满之。令匠作机弩矢，有所穿近者辄射之。以水银为百川江河大海，机相灌输。上具天文，下具地理，以人鱼膏为烛，度不灭者久之。"

秦始皇在他的陵墓中注入的水银汇成了河流，因为水银是那个时期追求长生不老的人最看重的灵丹妙药。由燃烧的朱砂制成的水银似乎有着很神秘的特性。它似乎是固态或液态，还能释放气体，表现出许多物质形态，有着改变形态的特性。人们认为它有一种纯净的能量，一旦摄入，就可以帮助人类取得五行的转化。秦始皇陵从未对外开放，而在2006年2月《中国日报》的一篇报道中，陕西省考古研究所的考古学家、研究员段庆波称，研究表明，该遗址周围土壤中的水银浓度超过附近地区的十倍。因此，司马迁的描述可能是正确可靠的。

道家大师告诉刘安之侄汉武帝，通过举行特殊的仪式、服用各种药物和丹药、修炼气，可以像过去《淮南子》中提到的神农和其他真人那样变得长生不老。汉武帝出钱请大师李少君研发长生不老药。李少君告诉汉武帝应该在长生不老药中加入水银（《史记·封禅书》，Pregadio 2004：171）。另一位大师是东方朔，据传说，他有一部作品描述了如何寻找长生不老药的药材以及如何在长有珍贵药材的山区行走。这部作品在后来的道家历史中也变得非常有名并被广泛使用，名为《五岳真形图》。《列仙传》是最早的神仙传记，系刘向在约公元前77年所著，书中提到了李少君和东方朔，后来葛洪在其所著的《神仙传》（约公元316年）中也提到了这两个人。

神仙的力量

根据文献和传说，神仙拥有非凡的力量，其中许多力量都归功于《庄子》中的早期大师，还有秦始皇、汉武帝的谋士以及早期的传记文献。人们认为他们擅长变化。有文献称说这些人会变形，将自己的身体变成多种模样，能融入周围环境，在其他地方现身。还有许多力量都与神仙有关：改变物体的形态（例如将白石块变成白山羊）；用不可食用的东西制作食物和酒；没有衰老迹象（例如黑发、齐全的并可重生的牙齿和年轻的皮肤）；瞬间跨越很远的时空距离；拥有惊人的力气；不受温度影响；穿过或进入墙壁等固体；上天入地；悬浮空中。一些神仙被认为拥有奇异的相貌，例如大额头。有些故事称他们可以与动物交谈，能控制动物（如老虎、蛇或猴子），隔空移物，看穿人的思想，控制神灵，正骨，刀枪不入，百毒不侵，呼风唤雨解除干旱。许多文献说神仙通晓神灵的语言，能写出普通人的秘密，利用符咒让神灵按照他们的意愿行事。无神论者是看不见他们的符文的，或者是见到之后就会立马消失，而有时候符文是擦不掉、移不走的。神仙被认为能够看到人体内的五脏六腑去医治疾病。人们相信他们无需用针就可以进行针灸治疗，知道草药的治疗机理和长生不老药的配方，甚至可以起死回生。有些故事说他们可以驱除甚至控制邪祟、保护无辜者、预测未来。

汉代以来，长生不老的迷信思想从贵族阶层蔓延到社会底层。在精英阶层中，墓葬艺术常常描绘墓主登上昆仑山上的天堂，遇到包括西王母在内的神仙以仁慈和怜悯之心迎接他们。汉代墓葬中发现的铭文和器物也表明，非精英阶层对神仙及相关人物的信仰也非常普遍。这些墓葬中有描绘气运动的漆画和神仙羽人云中曼舞进行嬗变的过程。洛阳郊区一座汉代晚期（公元25—220年）的墓葬就是一个很好的例子，现藏于河南省洛阳博物馆。

上述著作《神仙传》的出现就是汉代人们真心追求长生不老的重

要例证。这部作品包含简短的神仙故事，每个故事几乎不超过200字。

传记还是圣传？

圣传是有关英雄或神圣人物的传记。基督教、佛教和伊斯兰教圣徒有很多圣传。当学者认为一个人的生平故事表现出对事实的漠视、缺乏关键价值或为了表达崇敬之情而牺牲了准确性时，他们就会使用圣传而不是传记这一术语。将神仙的故事称为圣传而非传记可能更合适。

这些对神仙的早期记载实际上并不是真正的生活故事，而更像是圣传。作者提供了神仙的姓名、家乡（或未知）和生活的时期，但是几乎没有提供其他信息。传记是按时间顺序来写的。本书涉及的72个人是中国历史上最著名的人物，其中包括赤松子、黄帝、彭祖、老子和尹喜等道家杰出人物。

对于平民百姓家中去世的人，道家大师也发挥了重要作用。道家大师利用廉价材料（如陶瓷、稻草、织物）为普通人制作成"冥器"模型，取代了青铜器或贵重的服饰。汉代同样相信人死后会为其过错而受到审判和惩罚（von Glahn 2004：45）。事实上，一个由各等级的神灵组成的万神殿成为了道家信仰和实践的一部分。冥间的神根据死者的行为施以刑罚，有的刑罚甚至可能会对死者的子孙后代造成伤害。道教的圣峰东岳泰山位于山东省，泰山府君是掌管死者命运的主神，附近的蒿里山被认为是进入死者居地的入口（von Glahn 2004：52）。泰山府君负责监督低级神官，这些神官负责记录死者的善恶行为、查证确切的死亡时间、掌管死者的刑罚和管理死者后代档案等。道家大师可以向这些神官祈愿。庄子称他可以给司命官写信（《庄子·至乐》）为死人祈愿，据传西武将军约在公元前300年为一个叫丹的人向司命师写祈愿书（见本书第四章）。汉代的这种祈愿活动可以看成对过去祈愿活动的传承。

书名表

Analects (Lun yu《论语》)

Bamboo Laozi (Zhujian Laozi《竹简老子》)

Biographies of the Immortals (DZ 294) (Liexian zhuan《列仙传》)

Biographies of the Immortals (DZ 295) (Xuxian zhuan《续仙传》)

Biographies of Shen Immortals (Shenxian zhuan《神仙传》)

Book of Changes (Yijing《易经》)

Book of the Early (Former) Han (Hanshu《汉书》)

Book of Odes (Shijing《诗经》)

Book of Rites (Liji《礼记》)

The Chart of the True Shape of the Five Sacred Mountains (DZ 1281)
(Wuyue zhenxing tu《五岳真形图》)

Classic of the Mountains and Seas (Shanhai jing《山海经》)

Daodejing《道德经》

Day Book (Ri Shu《日书》)

Dietary Proscriptions of the Divine Agriculturist (Shennong) the Yellow
Emperor (Shennong huangdi shijin《神农黄帝食禁》)

Fifty-two Healing Methods (Wushi'er bingfang《五十二病方》)

The Great Brilliance of Huainan (Huainan honglie《淮南鸿烈》)

Guanzi《管子》

Gymnastic Chart (Daoyin tu《道引图》)

Han Dynasty Tombs at Mawangdui Silk Texts Naming Catalog
(Mawangdui Hanmu boshu zhengli xiaozu《马王堆汉墓帛书整理
小组》)

Hanfeizi《韩非子》

Heshanggong《河上公》

Inward Training (Neiye《内业》)

Master of Huainan (Huainanzi《淮南子》)

Mister Lu's Spring and Autumn Annals (Lushi Chunqiu《吕氏春秋》)

Records of the Historian (Shi ji《史记》)

The Rejection of Grains and Absorption of Qi (Quegu shiqi《却谷食气》)

Rites of Zhou (Zhouli《周礼》)

Techniques for Fifty-two Ailments (Wushier bingfang《五十二病方》)

Techniques of the Heart (Xinshu《心术》)

Wondrous Mushrooms of the Yellow Emperor and His Various Disciples (Huangdi zazi zhijun《黄帝杂子芝菌》)

Yellow Emperor's and Three Kings' Techniques for Nourishing (Yang Huangdi sanwang yangyang fang《黄帝三王养阳方》)

Yellow Emperor's Classic of the Golden Bookcase and Jade Scales (DZ 284)(Huangdi jinkui yuheng jing《黄帝金匮玉衡经》)

Yellow Emperor's Inner Classic (Huangdi neijing《黄帝内经》)

Yellow Emperor's Old Willow Divination by Dreams (Huangdi changliu zhanmeng《黄帝长柳占梦》)

Zhuangzi《庄子》

人名及术语表

bagong 八公

Bagua 八卦

beidou 北斗

bianhua 变化

bianhua ruo shen 变化若神

changsheng 长生

Chen Tuan 陈抟

chengxian 成仙

Chong'er 重耳

bigu 辟谷

boshan lu 博山炉

boshu 帛书

Boyang 伯阳

daode 道德

daojia 道家

daojiao 道教

daojing 道经

daoshi 道士

daoyin 导引

de 德（virtue, power）

dejing 德经

Dong Zhongshu 董仲舒

dongtian 洞天

fan xing 反性

fengshui 风水

fushui 符水

ganying 感应

Ge Hong 葛洪

Gengsang Chu 庚桑楚

guanling 关令

Guye 姑射

Guo Xiang 郭象

Guodian 郭店

Huainan 淮南

huang hu 恍惚

Huangdi 皇帝

Huang-Lao Daoism 黄老道

Huang-Lao 黄老

Hui Shi 惠施

Huizi 惠子

jiao 醮

jiazi 甲子

jingqi 精气

kanyu jia 堪舆家

King Hui of Liang 梁惠王

King Wei 威王

King Xuan 宣王

kongde 孔德

Lao Dan 老聃

Laozi 老子

Li Shaojun 李少君

Liezi 列子

lingfu 灵府

Liu Xiang 刘向

Louguan Tai 楼观台

Mawangdui 马王堆

neipian 内篇

nuo 傩

pian 篇

qi 气

Quanzhen 全真

quegu 却谷

Ri Shu 日书

shen 神

shengren 圣人

shenxian 神仙

shi 士（master, teacher）

taiji 太极

Taiji tu 太极图

Taishan 泰山

tugu naxin 吐故纳新

waipian 外篇

wu-wei 无为

wu-xing 五行

wuyue 五岳

xingming 性命

xiongjing 熊经

xuan tong 玄同

xuande 玄德

Xunzi 荀子

yangsheng 养生

Yin Xi 尹喜

Yuanshi tianzun 元始天尊

Yubu 禹步

zaohua 造化

zhende 真德

Zhenwu 真武

Zhuang Zhou 庄周

Zou Yan 邹衍

注释

第二章

2.《庄子》中，"老聃"和"老子"这两个名字可以互换使用。

3. 茱莉亚·哈蒂（1998）概述了西方对《道德经》的理解，这对我们有很大帮助；朱迪斯·博尔茨（1987）又为我们概述了道学研究文献。

4. 对《道德经》总体特征的这种赞赏屡见不鲜。在早期的译者中，刘殿爵甚至将《道德经》归类为"一部文集"（刘殿爵，1963；xiii）。他用章节编号来划分章节，以此来表明在他看来这些语录最初是独立的。他甚至在每段话上做了一个区别标记，因为他认为这段话是对语录的进一步阐述，只不过它是由另一位编者或其他人添加的。

5.《道德经》的另一有趣之处是频繁重复使用语录，这也从侧面支持了此书并非出于同一人之手的观点。刘殿爵列了一个单子，对比了书中短语、概念和插图的重复情况。这个单子列得很好，虽然是基于他的章节编号体系，但便于使用。

6. 克莱恩（2004）；伊凡赫（1999）；艾姆斯（1989）；尼维森（1996）

第三章

7. 还有《庄子》其他的一些新译本，这些译本也都非常好。梅尔（1997）的译本是其中之一。Hyun and Yang 版本（2007）使用了拼音和术语，并采用了大量现代英语。近期对《庄子》进行重要研究的是谢尔贝格和伊凡赫（1996）。

第四章

8. 哈罗德·罗斯等学者认为，我们应该把《管子·内业》纳入构成道学主体的文献中。罗素·柯克兰（2001）认为《管子·内业》有助于理解"无为"。

9. 见金斯利（1999 & 2003）

参考文献

[1] Allan, Sarah and Crispin Williams (eds) (2000). *The Guodian Laozi: Proceedings of the International Conference, Dartmouth College, May 1998* (Berkeley: University of California).

[2] Cedzich, Angelika (1993). Ghosts and Demons—Law and Order: Grave Quelling Texts and Early Taoist Liturgy, *Taoist Resources* 4, pp. 23-51.

[3] Csikszentmihalyi, Mark (2004). Han Cosmology and Mantic Practices, in Livia Kohn (ed.), *Daoism Handbook* (Boston, Brill), pp. 53-73.

[4] DeWoskin, Kenneth (1981). *Doctors, Diviners and Magicians of Ancient China: Biographies of the Fang-shih* (New York, Columbia University Press).

[5] Engelhardt, Ute (2004). Longevity Techniques and Chinese Medicine, in Livia Kohn (ed.), *Daoism Handbook* (Boston, Brill), pp. 74-108.

[6] Graham, Angus (1986). How Much of *Chuang-tzu* Did Chuang-tzu Write?, in *Studies in Chinese Philosophy and Philosophical Literature* (Singapore, Institute of East Asian Philosophies).

[7] Hahn, Thomas H. (2004). Daoist Sacred Sites, in Livia Kohn (ed.), *Daoism Handbook* (Boston, Brill), pp. 683-708.

[8] Harper, Donald (1994). Resurrection in Warring States Popular Religion, *Taoist Resources* 5, pp. 13-28.

[9] Harper, Donald (1999). *Early Chinese Medieval Manuscripts:*

The Mawangdui Medical Manuscripts (London, Wellcome Asian Medical Monographs).

[10] Henricks, Robert (1989). *Lao-Tzu: Te-Tao Ching* (New York, Ballantine Books).

[11] Ivanhoe, Philip J. (1999). The Concept of de ("Virtue") in the Laozi, in Mark Csikszentmihalyi and P.J. Ivanhoe (eds.), *Religious and Philosophical Aspects of the Laozi* (Albany, State University of New York Press), pp. 239-255. (trans) (2002). *The Daodejing of Laozi* (New York, Seven Bridges Press).

[12] Kalinowski, Marc (1990). La Littérature divinatoire dans le *Daozang, Cahiers d'Extreme-Asie* 5, pp. 85-114.

[13] Knaul, Livia (1982). Lost Chuang-tzu Passages, *Journal of Chinese Religions* 10, pp. 53-79.

[14] Kohn, Livia (ed.) and Harold Roth (eds) (2002). *Daoist Identity: History, Lineage, and Ritual* (Honolulu, University of Hawaii Press).

[15] LaFargue, Michael (1992). *The Tao of the Tao-te-ching* (Albany, State University of New York Press).

[16] Lau, D. C. (1963). *Tao Te Ching* (Baltimore, Penguin Books).

[17] Little, Stephen (2000). *Taoism and the Arts of China* (Chicago, The Art Institute of Chicago).

[18] Little, Stephen (2004). Daoist Art, in Livia Kohn (ed.), *Daoism Handbook* (Boston, Brill), pp. 709-746.

[19] Liu Xiaogan (1994). *Classifying the Chuang-tzu Chapters* (Ann Arbor, Center for Chinese Studies, University of Michigan).

[20] Pregadio, Fabrizio (2004). Elixirs and Alchemy, in Livia Kohn (ed.), *Daoism Handbook* (Boston, Brill), pp. 165-195.

[21] Robinet, Isabelle (1997). *Taoism: Growth of a Religion*, trans.

Phyllis Brooks (Stanford CA, Stanford University Press).

[22] Roth, Harold (1991). Who Compiled the Chuang-tzu?, in Henry Rosemont, Jr (ed.), *Chinese Texts and Philosophical Contexts* (La Salle IL, Open Court), pp. 79-128.

[23] Sakade Yoshinobu (2004). Divination as Daoist Practice, in Livia Kohn (ed.), *Daoism Handbook* (Boston, Brill), pp. 541-566.

[24] Smith, Richard (1991). *Fortune-tellers and Philosophers: Divination in Traditional Chinese Society* (Boulder CO, Westwood).

[25] Sun Xiaochun and Jacob Kistermaker (1997). *The Chinese Sky During the Han* (Leiden, E.J. Brill).

[26] Vankeerberghen, Griet (2001). *The Huainanzi and Liu An's Claim to Moral Authority* (Albany, State University of New York Press).

[27] Von Glahn, Richard (2004). *The Sinister Way: The Divine and the Demonic in Chinese Religious Culture* (Berkeley, University of California Press).

[28] Watson, Burton (trans.) (1968). *The Complete Works of Chuang-tzu* (New York, Columbia University Press).

[29] Yu Yingshi (1964). Life and Immortality in the Mind of Han China, *Harvard Journal of Asiatic Studies* 25, pp. 80-122.

[30]（魏）王弼注，楼宇烈校释。《老子道德经注校释》，北京：中华书局，2008年。

[31]（战国）庄周著，（西晋）郭象注。《庄子》（影印本），上海：上海古籍出版社，1989年。